Questions
of
Life

86 Fragen an dich selbst

Nico Trompa

Bibliografische Information der Deutschen Nationalbibliothek: Die Deutsche Nationalbibliothek verzeichnet diese Publikation in der Deutschen Nationalbibliografie; detaillierte bibliografische Daten sind im Internet über http://dnb.dnb.de abrufbar.

Verlag: BoD · Books on Demand GmbH, In de Tarpen 42, 22848 Norderstedt

Druck: Libri Plureos GmbH, Friedensallee 273, 22763 Hamburg
ISBN: 978-3-7693-1845-6

Inhalt

I

Einleitung

Tagtäglich verbringen wir unsere Zeit damit, uns viele Fragen zu stellen.

Fragen wie:

Was ziehe ich heute an?

Was mache ich mir heute zu essen?

Wie spät ist es?

Wie sehe ich aus?

Wann habe ich wieder Urlaub?

...

Meiner Meinung nach geht es im Leben jedoch darum, sich die wirklich wichtigen und entscheidenden Fragen zu stellen. Fragen, die sich um dich als Person drehen. Fragen, die über die alltäglichen Dinge hinausgehen. Fragen, die in die Tiefe gehen.

Genau aus diesem Grund habe ich mich dazu entschlossen, dieses Buch zu schreiben. Es soll dir als Leitfaden dienen, um dich mit den wirklich entscheidenden Fragen auseinanderzusetzen. Bedenke jedoch, dass alles, was hier niedergeschrieben ist, auf meiner eigenen Betrachtungsweise beruht. Es sind meine Definitionen, Meinungen und Perspektiven. Das bedeutet nicht, dass sie für dich vollständig sind oder deiner Sichtweise entsprechen müssen. Jeder von uns ist einzigartig und hat seine eigene Perspektive. Und genau das finden wir nur heraus, wenn wir uns mit uns selbst beschäftigen und an uns arbeiten.

Nimm dir daher für jede einzelne Frage genügend Zeit. Nimm dir die Zeit, die du brauchst! Denke gründlich darüber nach und beantworte sie ehrlich für dich selbst. Nur so wirst du in dir etwas bewirken können. Es liegt ganz allein an dir, was du damit machst. Niemand sonst kann dir dabei wirklich helfen. Es geht darum, dass du für dich selbst herausfindest, wer du wirklich bist.

Also suche dir einen Ort der Stille und arbeite an dir. Lerne dich selbst besser kennen...

1. Wer bist du?

Das ist vermutlich eine der Fragen, die sich nicht einfach vollständig und schnell beantworten lässt – zumindest nicht, wenn man sie tiefgründiger betrachten möchte. Wenn man sie dagegen oberflächlich beantwortet, dann mag diese Frage für den ein oder anderen nicht ganz so viel Zeit kosten.
Aber entspricht das wirklich der Wahrheit? Wahrscheinlich würde die Antwort für die meisten so lauten: *„Ich heiße X, bin X Jahre alt, komme aus X und arbeite als X."* Doch hier stellt sich mir die Frage: Bist du mit dieser einfachen Antwort wirklich zufrieden? Ist alles, was du bist, wirklich nur dein Name, dein Alter, dein Beruf und deine Herkunft? Bist du nicht viel mehr als diese äußeren Merkmale?

Ebenso schlüpfen viele Menschen immer wieder in unterschiedliche Rollen, wie beispielsweise: *„Ich bin Profisportler; Ich bin Musiker; Ich bin Handwerker; Ich bin XY."*
Was passiert allerdings, wenn dir all diese Dinge genommen werden?
Wenn alles, was du jetzt hast, plötzlich nicht mehr existieren würde, wer bist du dann?
Weder Name, noch Status, noch Besitz, noch Job – nur noch du. Ganz allein du, mit deinem nackten Körper.

Wer ist dieser Mensch? Wer bist du wirklich?
Was macht dich aus?
Denke hierbei nicht an äußere Aspekte. Es geht hier einzig und allein um dich, um die Seele in deinem Körper!
Deshalb lautet meine Frage an dich: Sind es nicht eher die Werte in uns, die uns wirklich ausmachen?
Sind es nicht die Worte, die wir aussprechen, um bei anderen Emotionen hervorzurufen?
Sind es nicht deine ganz persönlichen Absichten, die dich definieren?
Ist das nicht letztlich dein wahres Selbst?

Natürlich gibt es noch viele weitere Aspekte, die dich wirklich ausmachen und die dich zu dem machen, was du bist. Doch wir werden diesen Fragen Stück für Stück im weiteren Verlauf des Buches nachgehen. Zunächst sollten wir uns jedoch bewusst machen, dass einer der wichtigsten Punkte, die uns ausmachen, unsere Werte sind – die Werte, die jeder Einzelne von uns vertritt. Nicht das Aussehen, die Abstammung, der Name oder der Beruf machen uns aus.

Wir erkennen die wahren Unterschiede zwischen Menschen in der Art und Weise, wie wir denken, sprechen, fühlen und handeln. Das ist es, was jeden Einzelnen von uns einzigartig macht. Das ist ein Teil unseres wahren Selbst.

Was sind nun also deine Werte? Wer bist du wirklich?

Notizen

„Ich bin nicht, was ich bin."

William Shakespeare

2. Wer willst du sein?

Hast du dich schonmal gefragt, wie die beste Version von dir aussieht? Wie genau stellt diese ideale Version von dir selbst dar? Glaubst du, dass noch eine bessere Version von dir existiert, oder hast du diese Version bereits erreicht? Stellst du dir manchmal vor, wie du in der Zukunft sein wirst?

Eines steht fest: Wir alle sind Lebewesen, die täglich älter werden. Und mit jedem weiteren Tag, den wir auf dieser Erde geschenkt bekommen, haben wir die Möglichkeit, etwas dazuzulernen. Das bedeutet, dass wir eigentlich nie wirklich die beste Version von uns erreichen können, da immer die Möglichkeit besteht, dass wir uns weiterentwickeln können. Selbst wenn wir glauben, dass wir bereits auf dem höchsten Level sind, das wir erreichen können, gibt es immer noch einen weiteren Schritt, den wir machen können.

Aber wie genau sieht diese beste Version von uns aus?
Wie stellst du dir deine allerbeste Version vor?
Wie sieht sie aus?
Wie kleidet sie sich?
Wie tritt sie auf?
Welche Werte trägt sie in sich?
Mit welchen Menschen umgibt sie sich?
Was ist dieser Version wichtig?
Welche Gewohnheiten hat sie?
Welche Eigenschaften zeichnen sie aus?
Welcher Mensch möchtest du in den nächsten 5, 10, 20, usw. Jahren sein?

Nimm dir Zeit und denke intensiv darüber nach, was, wer oder wie diese Version von dir aussieht. Schreibe stichpunktartig alle Eigenschaften und Merkmale auf, die dir einfallen, wenn du dir deine beste Version vorstellst. Visualisiere sie ruhig auch bildlich. Sieh dir anschließend all deine Punkte an und markiere die Eigenschaften, Werte und Gewohnheiten, die du in deiner jetzigen Version noch nicht wiederfindest.

Wo darfst du noch an dir arbeiten?
Welche Punkte solltest du in deiner jetzigen Version noch anpassen, damit sie mit deiner besten Version harmoniert?

Denn du musst nicht daran arbeiten, um zu der Person zu werden, die du nach deinen Vorstellungen sein möchtest. Du darfst dich einfach dazu bereit erklären, diese Person bereits im Hier und Jetzt zu sein! Das bedeutet, dass du diese Person bereits bist! Alles, was du tun brauchst, ist, die Werte und Eigenschaften deiner idealen Version jetzt schon anzunehmen und in dir zu tragen. Es liegt ganz allein in deiner Hand. Du kannst bereits jetzt der Mensch sein, der du sein möchtest.

Notizen

_____

_____

_____

_____

_____

_____

_____

_____

_____

_____

_____

_____

_____

_____

_____

_____

„Sei du selbst die Veränderung, die du dir wünschst für diese Welt."

Mahatma Gandhi

3. Was ist dein Sinn im Leben?

Meiner Meinung nach hat jeder Mensch eine ganz bestimmte Aufgabe auf dieser Welt. Jeder hat etwas, das er zu tun hat. Es ist wichtig, die Augen offen zu halten und nicht einfach alles an sich vorbeiziehen zu lassen. Wir sind nicht dazu bestimmt, unsere Zeit abzusitzen und ein Leben zu führen, das nicht für uns gemacht ist. Genau das tun jedoch die meisten von uns. Sie gehen einer Tätigkeit nach, die sie nicht wirklich ausführen wollen, nur weil sie denken, dass sie es tun müssen – weil andere es von ihnen erwarten, weil sie glauben, dass sie nichts anderes können, oder weil sie es brauchen, und so weiter. Sie denken einfach, dass sie keine andere Wahl haben.

Aber sei ehrlich zu dir selbst: Stimmt das wirklich?
Hast du nicht immer eine Wahl?
Musst du wirklich die Erwartungen anderer erfüllen und deine eigenen hintenanstellen?
Bist du dir selbst nicht wert, das Leben zu leben, das dich wirklich erfüllt?
Wie lange möchtest du noch so weitermachen?
Ist es vielleicht die Angst, die dich daran hindert, etwas Neues zu beginnen oder den Weg einzuschlagen, der dich wirklich ausmacht?
Sind es möglicherweise die Eltern, Verwandten, Freunde oder Bekannten, die du enttäuschen würdest?
Oder die, die dich auslachen könnten oder etwas anderes tun, was dich zurückhält? Oder ist es sogar dein Partner, der dich davon abhält?
Ist es die Angst, einen Schritt aus der Komfortzone zu machen und etwas Unangenehmes zu tun?
Was genau hält dich auf?

Eigentlich weißt du schon lange, wenn du wirklich in dich gehst, dass du für viel mehr gemacht bist. Da ist etwas in dir – eine Stimme, ein Gefühl oder etwas Ähnliches –, das dir sagt, dass du eine Aufgabe hast oder dass du endlich diesen einen Weg einschlagen solltest, vor dem du dich so lange gefürchtet hast. Du hast, wie jeder andere auch, eine Aufgabe auf dieser Welt, und es liegt an dir, diese herauszufinden!

Was genau ist es also?
Was ist deine Aufgabe hier auf dieser Welt?
Was ist dein Sinn im Leben?

Notizen

_____

_____

_____

_____

_____

_____

_____

_____

_____

_____

_____

_____

_____

_____

_____

_____

_____

_____

> „Der Sinn des Lebens besteht nicht darin, ein erfolgreicher Mensch zu
> sein, sondern ein wertvoller."
>
> **Albert Einstein**

4. Woher kommen wir?

Hast du dich schon einmal gefragt, woher wir wirklich kommen? Glaubst du, dass dieses Leben nur ein Zufall ist? Hältst du es für möglich, dass die Menschheit die einzige Spezies in der Galaxie, in unserem Sonnensystem oder sogar auf diesem Planeten ist? Bist du davon überzeugt, dass es rein zufällig ist, dass auf unserem Planeten die optimalen Lebensbedingungen herrschen und es keine tiefere Bedeutung dahinter gibt?

Wie ich bereits in der vorherigen Frage „Was ist dein Sinn im Leben?" erwähnt habe, bin ich davon überzeugt, dass unser Leben eine größere Bedeutung hat. Ich glaube nicht an Zufälle. Das Wort „zufällig" sagt es ja schon: Etwas fällt dir zu, weil es fällig war. Es war also fällig, dass du hier auf diese Welt inkarnierst. Aus meiner Sicht ist es nicht zufällig, dass wir hier sind. Wir haben uns bewusst entschieden, auf dieser Welt zu inkarnieren. Wir sind hier, um bestimmte Erfahrungen zu machen und Herausforderungen zu meistern, die wir uns selbst im Vorfeld ausgesucht haben. Und entweder schaffen wir es in diesem Leben, diese Erfahrungen und Herausforderungen zu bewältigen, oder wir werden ihnen in einem nächsten Leben erneut begegnen. Das geschieht so lange, bis wir sie begreifen und erfolgreich abschließen. Danach kehren wir „nach Hause" zurück und bereiten uns auf unsere nächste Reise vor, wenn diese noch notwendig sein sollte. Wir werden so lange weiter inkarnieren, bis wir jede Erfahrung gemacht haben, die wir benötigen, um die sogenannte „Erleuchtung" zu erreichen.

Erleuchtung ist ein Zustand, den wir erreichen, wenn wir alle Erfahrungen erfolgreich abgeschlossen haben. Es ist das wahre Ziel von uns allen, denn wir sind spirituelle Wesen. In Wirklichkeit sind wir bereits erleuchtet, doch wir haben nicht verstanden, wie sich dieser Zustand anfühlt. Genau darum sind wir hier, um diese Erfahrung zu machen. Das ist der wahre Grund, warum wir uns entschieden haben, hier auf dieser Welt zu inkarnieren. Es ist unsere wahre Absicht. Wenn wir diese Reise abgeschlossen haben, können wir endgültig nach Hause zurückkehren, wo auch immer das „Zuhause" für uns ist. Für mich persönlich fühlt es sich an, als ob dieses Zuhause irgendwo in den Sternen liegt. Jedes Mal, wenn ich in den Nachthimmel schaue, fühle ich eine tiefe Verbindung, als würde mich etwas oder jemand rufen. Es fühlt sich an, als ob meine Heimreise bereits erwartet wird.

Wie siehst du das?
Was sind deine Gedanken dazu?

Notizen

_____

_____

_____

_____

_____

_____

_____

_____

_____

_____

_____

_____

_____

_____

_____

_____

„Fühl dich nicht einsam, das gesamte Universum ist in dir."

Rumi

5. Was ist Energie?

Grundsätzlich lässt sich diese Frage schnell beantworten: Alles ist Energie. Und damit ist wirklich alles gemeint – jede einzelne Kleinigkeit. Ob Lebewesen, Wasser, Nahrung, Sauerstoff, Gedanken, Gespräche oder auch reine Materie, alles davon ist Energie und hat eine bestimmte Wirkung auf uns. Manche Dinge wirken stärker auf uns, andere weniger. Einige Dinge geben uns Energie, andere rauben sie uns. Energie ist immer vorhanden und kann niemals verloren gehen – sie kann nur umgewandelt werden. Denke nur an unsere Stromversorgung: Wir wandeln Lichtenergie oder Windenergie in elektrische Energie um. Diese nutzen wir dann für verschiedene Zwecke, zum Beispiel für die Erzeugung von Wärmeenergie, um zu kochen, oder für Lichtenergie, um einen Raum zu erhellen. Siehst du den Zusammenhang?

Energie ist das Wertvollste, was du in deinem Leben besitzt. Achte daher immer darauf, wie du deine Energie täglich nutzt! Du hast nur eine begrenzte Menge an Energie zur Verfügung, bevor du deinen Akku wieder aufladen darfst. Alles, was du tust, kostet dich Energie. Es spielt keine Rolle, ob es darum geht, welche Nahrung du zu dir nimmst, wann und wie viel du schläfst, welche Gedanken du denkst, welche Gespräche du führst oder welche Gewohnheiten du pflegst. Du hast stets die Kontrolle darüber, wie du mit deiner Energie umgehst!

Wie gehst du also mit deiner Energie um?
Mit welchen Gedanken beschäftigst du dich regelmäßig?
Welche Nahrung nimmst du zu dir?
Wie viel Schlaf bekommst du pro Nacht?
Wie erschöpft bist du am Ende des Tages?

Mach dir das bewusst und beobachte regelmäßig deinen Energiezustand!

Notizen

> „Wenn du das Universum verstehen willst, dann denke in den Kategorien
> wie Energie, Frequenz und Schwingung."
>
> **Nikola Tesla**

6.   Welche Ziele und Träume hast du für die Zukunft?

Erinnerst du dich noch, wie du als Kind gespielt hast? Damals, als dir noch alles egal war und du jeden Tag einfach in vollen Zügen genossen hast? Als du mit anderen Kindern gespielt hast und dich in all die verschiedenen Rollen versetzt hast? Als du niemals daran gezweifelt hast, dass du etwas nicht schaffen könntest, weil Zweifel für dich einfach nicht existierten?

Wir haben von Dingen geträumt und an diese Träume geglaubt, ganz gleich, wie weit sie entfernt schienen. Wir haben mit anderen darüber gesprochen, ohne einen einzigen negativen Gedanken. In diesen Momenten waren wir vermutlich ein ganz anderer Mensch als der, der wir heute sind. Früher war alles so viel leichter, und je älter wir werden, desto anspruchsvoller und schwieriger scheint das Leben zu werden. Wir übernehmen immer mehr Verantwortung und Aufgaben. Zumindest ist das die Sichtweise der meisten Menschen.

Doch was hat sich wirklich verändert? Warum hören so viele von uns auf zu träumen und ein echtes Ziel zu verfolgen? Liegt es vielleicht daran, dass wir einfach erwachsen geworden sind? Gehört das zum Erwachsenwerden dazu? Sind wir jetzt realistischer geworden? Glauben wir, dass wir diese Träume niemals erreichen können? Und wer genau sagt uns eigentlich, dass wir bestimmte Dinge nicht erreichen können?

Es gibt viele Faktoren, die dazu geführt haben könnten, dass wir aufgehört haben zu träumen. Doch von allen Faktoren ist es vor allem unsere Gesellschaft, die uns klein denken lässt. Je öfter uns gesagt wird, dass wir bestimmte Dinge nicht schaffen werden, desto größer wird das Risiko, dass wir selbst anfangen, daran zu glauben. Wenn dir ständig gesagt wird, dass du nicht schön, klug, sportlich oder gut genug bist, dann besteht die Gefahr, dass du diese Dinge irgendwann selbst glaubst. Doch wenn du das Selbstbewusstsein hast und fest davon überzeugt bist, dass du all das bist, was du dir vornimmst, und dass du all deine Ziele erreichen und deine Träume verwirklichen wirst, dann wird dich nichts von diesem Glauben abbringen können. Lass dir daher niemals deine Träume ausreden! Du kannst alles erreichen, was du dir selbst zutraust! Fang wieder an, zu träumen, wie du es als Kind getan hast! Setze dir große Ziele! Denn ohne Ziele laufen wir nur orientierungslos durch die Gegend, ohne zu wissen, wohin wir eigentlich gehen wollen. Genau deshalb ist es so wichtig, ein Ziel zu haben! Versetze dich zurück in die Lage des groß Denkens und Träumens!

Was ist ein großer Wunsch in deinem Leben?

Was ist ein Ziel, das du unbedingt erreichen möchtest?

Welche Dinge lassen dein Herz schneller schlagen, sobald du daran denkst? Welche Vorstellungen lösen in dir schöne Gefühle aus?

Nimm dir die Zeit, die du dafür brauchst, und genieße diesen Prozess. Immerhin geht es hier um deine Träume, deine Ziele − und letztlich um dein Leben!

Notizen

> „Die Zukunft gehört denen, die an die Wahrhaftigkeit ihrer Träume glauben."
>
> **Eleanor Roosevelt**

7. Gehst du gerade den richtigen Weg?

Oft verirren wir uns auf einen falschen Weg oder klammern uns an Dinge, die eigentlich nicht zu uns passen. Doch tief im Inneren weißt du genau, wenn sich etwas für dich richtig oder falsch anfühlt. Leider vertrauen wir jedoch nicht immer auf dieses Gefühl – oder eher gesagt, viel zu selten. Stattdessen ignorieren wir es, weil wir keine Veränderung wagen wollen und lieber in unserer Komfortzone bleiben. Dort ist es bequem, und wir müssen uns nicht dem Unbekannten stellen. Manchmal beeinflusst uns auch unser Umfeld, sodass wir diesen einen Schritt nicht wagen. Vielleicht reden sogar Menschen, die dir nahestehen, auf dich ein und verändern so deine Meinung. Möglicherweise hast du dich auch schon damals von ihnen beeinflussen lassen und gehst deshalb den Weg, den du aktuell gehst. Häufig wollen wir zum Beispiel die Erwartungen unserer Eltern erfüllen und arbeiten in einem Beruf, der eigentlich nicht wirklich mit unserem wahren Selbst übereinstimmt. Es gibt viele Gründe, warum wir nicht den Weg gehen, der für uns bestimmt ist.

Meine Frage an dich lautet daher: Gehst du gerade den richtigen Weg?
Gehst du den Weg, der für dich bestimmt ist?
Ist es der Weg, den dein Herz sich wirklich wünscht?
Falls dem nicht so ist, warum nicht?
Warum gehst du einen anderen Weg?
Warum gehst du nicht den Weg, der dich wirklich erfüllen würde?
Könnte es sein, dass du Angst hast?
Oder wartest du auf den „richtigen" Zeitpunkt?

Ich kann dir eines verraten: Der richtige Zeitpunkt wird nie kommen. Der richtige Zeitpunkt ist immer das Hier und Jetzt! Genauso wird auch die Angst nicht weniger werden – außer du gehst durch sie hindurch. Meist wirst du dabei feststellen, dass es gar nicht so schlimm ist, wie du es dir ausgemalt hast. Alles, was dich davon abhält, wirklich deinen eigenen Weg zu gehen, ist die Entscheidung, es zu tun. Entscheide dich für das, was du im Leben wirklich willst! Wie wirst du dich entscheiden?

Notizen

„Es ist nicht wichtig, wie langsam du gehst, solange du nicht stehen bleibst."

Konfuzius

8. Was willst du unbedingt noch im Leben gemacht haben?

Viele Menschen sind sich nicht bewusst, dass sie nicht unbegrenzt Zeit haben. Wenn sich das Ende ihres Lebens nähert, bereuen sie oft viele Dinge – Dinge, die sie nie getan haben, sei es aus Angst, weil sie dachten, sie hätten noch genügend Zeit, weil ihr Umfeld sie beeinflusst hat oder aus anderen Gründen.

Wie sicher kannst du dir sein, dass du morgen noch hier bist und die Dinge tun kannst, die du seit Ewigkeiten aufgeschoben hast? Es ist nicht sicher! Morgen könnte dein letzter Tag auf dieser Welt sein, und dann nimmst du all diese unerfüllten Wünsche mit ins Grab. Egal, worum es sich handelt, tu es jetzt! Höre auf, Ausreden zu suchen. Es gibt kein „morgen" oder „später". Es gibt nur den gegenwärtigen Moment. Morgen ist das spätere Jetzt von heute.

Was möchtest du wirklich noch machen?
Was sagt dir dein Herz?
Was würdest du bereuen, nicht getan zu haben?
Was würdest du tun, wenn du wüsstest, dass du nur noch ein Jahr auf dieser Welt hast?
An welche Dinge möchtest du dich später mit einem Lächeln erinnern?
Habe keine Angst, die Dinge zu tun, die deinem wahren Ich entsprechen!
Also, was willst du noch tun?

Notizen

_____

_____

_____

_____

_____

_____

_____

_____

_____

_____

_____

_____

_____

_____

_____

_____

_____

_____

> „Wenn ein Mensch nicht weiß, welchen Hafen er ansteuert, ist kein Wind
> der richtige Wind."
>
> **_Seneca_**

9. Lebst du schon, oder funktionierst du nur?

Leider ist das eine sehr berechtigte Frage. Die Mehrheit der Menschen lebt nach einem Prinzip, das ihnen das System vorgibt. Sie tun das, was von ihnen erwartet wird, und hinterfragen dabei nicht weiter. Sie haben sich an ihre alltäglichen Lebensumstände gewöhnt und wiederholen Tag für Tag dieselben Handlungen. Man könnte sogar sagen, sie funktionieren auf Autopilot. Für viele sieht das Leben folgendermaßen aus: Unter der Woche investieren sie ihre Lebenszeit in einen Beruf, den sie nicht wirklich mögen oder der sie nicht erfüllt. Am Wochenende erholen sie sich entweder von der vergangenen Arbeitswoche oder feiern einfach, dass sie wieder eine Woche geschafft haben. Das jährliche Highlight ist dann vielleicht ein Urlaub, den sie sich gerade so leisten können. Irgendwann finden sie einen Partner, gründen eine Familie und so weiter...

Und ich will nicht behaupten, dass das schlecht ist oder dass man es nicht so machen sollte. Diese Entscheidung liegt immer bei jedem Einzelnen. Aber ich finde, man kann hier deutlich erkennen, was das Leben für viele Menschen bereithält und wie vorhersehbar es oft scheint. Sie leben einfach nach dem System, ohne bewusst über ihr eigenes Schicksal zu entscheiden.

Und nun stelle ich dir die Frage: Ist das wirklich das Leben?
Lebst du nur nach diesen Prinzipien?
Triffst du noch selbstbewusst Entscheidungen darüber, was du tust und wie du leben möchtest?
Hast du selbst entschieden, wie du leben willst, oder wurdest du von anderen beeinflusst?
Bist du dir wirklich im Klaren darüber, was du im Leben willst?
Was bedeutet Leben für dich?
Hast du jemals wirklich darüber nachgedacht? Wenn nicht, dann tue es jetzt!

Notizen

_____

_____

_____

_____

_____

_____

_____

_____

_____

_____

_____

_____

_____

_____

_____

_____

_____

_____

_____

_____

„Leben – es gibt nichts Selteneres auf der Welt. Die meisten Menschen existieren, weiter nichts."

Oscar Wilde

10. Wie nutzt du deine Zeit?

Wusstest du eigentlich, dass du jeden Tag ein Geschenk erhältst? Jeden Tag bekommst du kostbare Lebenszeit geschenkt. Wie du diese jedoch nutzt, liegt ganz allein bei dir. Doch du solltest dir bewusst machen, dass irgendwann keine weitere Zeit mehr kommt. Irgendwann ist alles vorbei. Was fängst du also mit dieser wertvollen Zeit an? Viel zu oft sehe ich Menschen, die sich dieser Tatsache nicht bewusst sind. Sie glauben, sie hätten unendlich viel Zeit auf dieser Welt, und verschwenden sie dann mit Dingen, die keinen echten Wert haben. Dinge, die sie nicht weiterbringen und nur dazu dienen, die Zeit totzuschlagen. Gehörst auch du zu dieser Art von Menschen? Ich hoffe nicht! Aber falls doch, solltest du dir wirklich einmal intensiv Gedanken darüber machen.

Wie nutzt du deine Zeit täglich?
Welche Dinge tust du immer wieder, obwohl du weißt, dass dir diese nur schaden und Zeit verschwenden?
Hast du dir schon einmal bewusst gemacht, dass du irgendwann keine Zeit mehr haben wirst?
Bist du dir dessen bewusst, dass du ein Ablaufdatum mit dir trägst?

Mit welcher Wahrscheinlichkeit können wir behaupten, dass wir nächstes Jahr, nächsten Monat, nächste Woche oder auch am nächsten Tag noch Zeit haben? Wir können es nicht wissen! Dieses Jahr könnte dein letztes Jahr sein. Es könnte sein, dass du ein letztes Mal den Frühling erlebst und siehst, wie alles erblüht. Vielleicht erlebst du ein letztes Mal den Sommer und spürst die Hitze und die Sonne auf deiner Haut. Ein letztes Mal den Herbst, wenn die Blätter an den Bäumen sich verfärben und herunterfallen. Und ein letztes Mal den Winter, wenn du die Kälte spürst und den Schnee vom Himmel fallen siehst.

Genau aus diesem Grund sollten wir jeden Augenblick schätzen, die Zeit genießen und sie sinnvoll nutzen. Mach dir das bewusst!

Notizen

_____

_____

_____

_____

_____

_____

_____

_____

_____

_____

_____

_____

_____

_____

_____

_____

_____

> „Das Wichtigste im Leben ist die Zeit. Leben heißt, mit der Zeit richtig umzugehen."
>
> **Bruce Lee**

11. Was würdest du tun, wenn Geld keine Rolle spielen würde?

Stell dir einmal vor, dass Geld keinen Wert mehr hätte oder du jederzeit genug Geld zur Verfügung hättest, um dir alles zu leisten, was du dir wünschst. Du könntest alle Sorgen rund ums Thema Finanzen beiseiteschieben, und neue Sorgen in dieser Hinsicht würden nicht mehr aufkommen.

Wie würde sich dann dein Leben verändern?
Was würdest du tagtäglich tun?
Wie würde dein Alltag aussehen?
Würdest du dich endlich „frei" fühlen?
Würdest du glücklich sein?
Würdest du immer noch die Arbeit ausführen, die du
aktuell ausübst?
Versetze dich wirklich einmal in diese Situation. Ich glaube die allermeisten Menschen würden dies nicht tun.
Zählst du auch zu diesen Menschen?
Anders gefragt: Würdest du deine aktuelle Arbeit auch dann machen, wenn du dafür kein Geld bekommen würdest – einfach, weil sie dir Freude bereitet?
Bereitet dir deine Arbeit überhaupt Freude?
Wenn nicht, warum machst du sie dann?

Ganz gleich, wie deine Antworten auf diese Fragen ausfallen, es ist ein interessantes Gedankenexperiment, weil es dich bis zum Kern einer der wichtigsten Fragen deines Lebens führen kann. Und genau diese Frage habe ich dir schon gestellt.

Denn wenn Geld wirklich keine Rolle mehr spielen würde, was wäre dann der Sinn deines Lebens?
Was wäre deine Aufgabe, die du ausführen sollst?
Was würdest du dir als Aufgabe setzen?
Oder siehst du deinen Zweck vielleicht einfach darin, das Leben zu genießen?
Versteh mich nicht falsch, es ist wichtig, das Leben zu genießen.
Aber bist du nicht auch der Meinung, dass es mehr gibt als nur das?
Denkst du nicht, dass wir für etwas Größeres bestimmt sind?
Glaubst du nicht, dass wir aus einem bestimmten Grund hier auf dieser Welt sind?

Wie siehst du das Ganze?
Was ist deine Meinung dazu?

Notizen

„Das besten Dinge im Leben sind nicht die, die man für Geld bekommt."

Albert Einstein

12. Was motiviert dich und treibt dich an?

Was genau ist eigentlich deine Motivation?
Warum liest du beispielsweise dieses Buch?
Warum tust du die Dinge, die du tust?

Lass uns das Wort „Motivation" einmal genauer betrachten. Im Wort „Motivation" steckt das Wort „Motiv". Das bedeutet, dass wir ein Motiv oder einen Grund benötigen, um motiviert zu sein. Schauen wir uns das an einem Beispiel an:
Angenommen, du möchtest abnehmen und stellst deshalb deine Ernährung um und treibst mehr Sport. Deine Motivation dahinter ist, dass du die Figur erreichen willst, die du dir vor deinem geistigen Auge vorstellst. Natürlich braucht es mehr als nur Motivation, um dieses Ziel tatsächlich zu erreichen, aber die Motivation ist es, die dich überhaupt dazu bringt, zu starten. Und ganz gleich, um was es geht: Es ist wichtig, dir immer vor Augen zu führen, weshalb du mit etwas begonnen hast.

Was ist also der Grund dafür, warum du bestimmte Dinge tust?
Warum hast du dich dazu entschieden, diese Dinge zu tun?
Oder warum hast du dich entschieden bestimmte Dinge nicht mehr zu tun?
Was genau ist dein Motiv?
Was ist dein persönlicher Grund?

Egal, woran du gerade denkst – schreibe es auf! Es ist unglaublich wichtig, sich ein Motiv festzulegen. Sage nicht einfach, dass du abnehmen willst, sondern frage dich, warum du abnehmen willst!
Sage nicht, dass du einen bestimmten Beruf ausüben möchtest, sondern frag dich, warum du diesen Beruf ausüben möchtest!
Sage nicht, dass du mehr Freizeit haben möchtest, sondern frage dich, warum du mehr Freizeit haben möchtest!
Was auch immer dein Kernpunkt ist, frage dich stets, warum du dieses oder jenes erreichen, haben, oder bekommen möchtest!

Notizen

13. Welche Werte sind dir besonders wichtig?

In der allerersten Frage haben wir uns damit beschäftigt, wer du bist. Unter anderem habe ich gefragt, was deine Werte sind. Erinnerst du dich daran? Falls nicht, dann lies dir noch einmal deine Antwort dazu durch. Nun wollen wir uns mit den Werten ein wenig genauer befassen. Du hast für dich herausgefunden, welche Werte in dir stecken und dich somit als Mensch ausmachen.

Doch welche Werte sind dir besonders wichtig?

Was erwartest du von anderen Menschen in Bezug darauf, wie sie mit dir umgehen?

Wie möchtest du von deinem Partner, deinen Kindern, deinen Eltern, deinen Freunden, deinen Arbeitskollegen usw. behandelt werden?

Übrigens: Es ist entscheidend, wie du dich selbst und auch andere behandelst, um ebenso behandelt zu werden. Es bringt nichts, wenn du beispielsweise einen respektvollen Umgang erwartest, aber selbst respektlos mit dir und anderen umgehst. Vor allem, wie du mit dir selbst umgehst, ist am allerwichtigsten! Wie kannst du erwarten, dass andere dich so behandeln, wie du es gerne hättest, wenn du dich nicht selbst so behandelst? Das wird nicht passieren. Du wirst immer genau das anziehen, was mit der Energie übereinstimmt, in der du dich gerade befindest. Bedeutet: Wenn du dich schlecht fühlst, wird das Universum dafür sorgen, dass dir dieses Gefühl bestätigt wird. Und aus diesem Grund ist es entscheidend, wie du mit dir selbst umgehst!

Kommen wir also zur ursprünglichen Frage zurück: Welche Werte sind dir besonders wichtig? Erstelle eine Liste dieser Werte und priorisiere sie nach ihrer Wichtigkeit. Und sobald du diese Liste hast, fang damit an, diese Werte zu leben. Beginne bei dir selbst und danach bei anderen. Alles Weitere wird dann von allein folgen, und du wirst so behandelt werden, wie du es dir wünschst. Es beginnt alles bei dir!

Notizen

_____

_____

_____

_____

_____

_____

_____

_____

_____

_____

_____

_____

_____

_____

_____

_____

_____

_____

„Ein jeder ist so viel wert, wie die Dinge wert sind, um die es ihm ernst ist."

Marc Aurel

14. Welche Gewohnheiten hast du?

Jeder Mensch auf dieser Welt hat Angewohnheiten, die er tagtäglich ausführt – unsere Gewohnheiten. Sie dienen dazu, dass unser Gehirn nicht ständig nachdenken muss, wie eine bestimmte Tätigkeit ausgeführt werden soll. Auf diese Weise wird Energie gespart, die du für andere Dinge nutzen kannst. Wenn dein Gehirn dies nicht tun würde, wärst du schnell überfordert, und nach kurzer Zeit wäre deine Energie verbraucht. Denkst du beispielsweise noch intensiv darüber nach, mit welcher Hand du deine Zähne putzt? Es wäre ziemlich anstrengend, wenn du selbst bei solchen Kleinigkeiten jedes Mal darüber nachdenken darfst, oder?

Jeder Mensch hat sowohl „gute" als auch „schlechte" Gewohnheiten. Natürlich definiert jeder selbst, was „gut" oder „schlecht" ist – je nachdem, wie er diese Dinge für sich persönlich bewertet. Im Allgemeinen beziehen wir uns hier auf eine gesellschaftliche Perspektive. Schlechte Gewohnheiten könnten zum Beispiel solche sein, die dich nicht fördern, nicht weiterbringen oder dir sogar schaden. Beispiele dafür wären: rauchen, Alkohol trinken, Fastfood essen, stundenlanges Scrollen in sozialen Netzwerken, wenig Bewegung, wenig Schlaf und so weiter. Gute Gewohnheiten hingegen sind solche, die dich im Leben voranbringen. Beispiele wären: regelmäßig Sport treiben, lesen, gesund essen, in der Natur spazieren gehen, meditieren, und so weiter. Du siehst also, dass wir viele Dinge nur aus Gewohnheit tun und sie oft nicht bewusst wahrnehmen. Jeder von uns hat unzählige Gewohnheiten – vermutlich auch viele, von denen man gar nichts weiß.

Doch was sind nun deine Gewohnheiten?
Welche guten und auch schlechten Gewohnheiten hast du?
Was machst du tagtäglich?
Welche Tätigkeiten führst du aus?
Schreibe sie auf und unterteile sie in „gute" und „schlechte" Gewohnheiten.

Notizen

_____

_____

_____

_____

_____

_____

_____

_____

_____

_____

_____

_____

_____

_____

_____

> „Von der Natur sind die Menschen fast gleich; erst die Gewohnheiten
> entfernen sie voneinander."
>
> **Konfuzius**

15. Welche Gewohnheiten möchtest du verändern?

Da du nun für dich herausgefunden hast, welche guten und schlechten Gewohnheiten du dir angeeignet hast, wollen wir jetzt hinterfragen, welche du verändern möchtest. Natürlich sollten wir zuerst klären, ob du überhaupt etwas verändern willst. Möchtest du bestimmte Gewohnheiten loswerden und sie durch bessere Ersetzen? Zum Beispiel, auf Süßigkeiten zu verzichten und diese durch eine ausgewogene und gesunde Ernährung zu ersetzen. Natürlich könnte ich einige weitere Beispiele nennen. Aber letztlich musst du für dich entscheiden, ob du etwas verändern willst und was genau das ist. Niemand kann diese Entscheidung für dich treffen. Du allein bist verantwortlich, dein Leben zu verändern. Wenn du dich jetzt angesprochen fühlst und spürst, dass es da etwas gibt, was du verändern möchtest, dann fang an! Warte nicht länger darauf, irgendwann damit zu starten, sondern beginne heute! Nur im Hier und Jetzt hast du die Chance, wirklich etwas zu ändern. Der perfekte Zeitpunkt wird nie kommen.

Also, was möchtest du verändern?
Möchtest du eine bestimmte Gewohnheit durch eine andere ersetzen? Wenn ja, welche?
Willst du endlich alte Verhaltensmuster ablegen?
Willst du durch neue Gewohnheiten dein Leben verändern?
Bist du bereit, alte Muster loszulassen?
Bist du bereit, ein Stück deines alten Lebens aufzugeben?
Ganz egal, wie du dich entscheidest die – die Wahl liegt immer bei dir!

Notizen

_____

_____

_____

_____

_____

_____

_____

_____

_____

_____

_____

_____

_____

_____

_____

_____

„Wir sind das, was wir wiederholt tun. Vorzüglichkeit ist daher keine Handlung, sondern eine Gewohnheit."

Aristoteles

Was für eine allgemeine Einstellung hast du eigentlich im Leben? Bist du jemand, der das Gute im Schlechten sieht, oder siehst du das Schlechte im Guten? Hast du eine positive, oder eine eher negative Einstellung zum Leben?

Die Art und Weise, wie wir das Leben betrachten, hat einen enormen Einfluss auf unser Leben. Wir beeinflussen unser Leben mit unseren Gedanken, unserer Sprache, unseren Gefühlen und unseren Handlungen. Wenn wir negative Gedanken hegen und diese durch Emotionen und Taten Ausdruck verleihen, ziehen wir genau diese negative Energie erneut in unser Leben an. Diese wird uns dann – bewusst oder unbewusst – begegnen. Auf der anderen Seite können wir uns auch entscheiden, positiv zu denken und auf dieser Ebene von Energie zu leben. Diese Entscheidung liegt immer bei uns selbst. Wir entscheiden täglich darüber, in welcher Energie wir uns aufhalten möchten. Jede noch so kleine Entscheidung hat eine Auswirkung auf unser Leben.

Wie sieht es bei dir täglich aus?
Wie hast du deinen „Energiepegel" eingestellt?
Bist du jemand der sich überwiegend beschwert über alle möglichen Themen, oder akzeptierst du sie einfach?
Bist du jemand, der sich über Herausforderungen im Leben beklagt, oder empfängst du sie mit offenen Armen?
Über welche Dinge denkst du täglich nach?
Sind diese Gedanken eher positiv, oder eher negativ ausgerichtet?
Wie betrachtest du dein eigenes Leben?
Betrachtest du es als hart und anstrengend, oder als ein Geschenk?

Eine optimistische Lebensweise verbessert und erleichtert unser Leben enorm. Sie macht uns glücklicher und zufriedener.
Glück zum Beispiel ist ein positives Gefühl – wie sollten wir es anziehen, wenn wir uns in negativer Energie aufhalten? Hier funktioniert das Gesetz der Anziehung andersherum. Gleiches zieht sich an: Plus und Plus, oder Minus und Minus. Ungleiches stößt sich ab.

Es liegt in deiner Hand, in welcher Energie du dich aufhältst. Entscheide weise darüber, was du an dich heranlässt. Natürlich wirst du nicht von heute auf morgen alles in deinem Leben ändern können.

Wenn du dein Leben bisher mehr in negativer Energie verbracht hast, brauchst du Zeit, um deine Gedanken zum Positiven zu fokussieren. Du musst deine Gedanken in eine Richtung lenken, die dir vielleicht noch nicht vertraut ist. Aber je mehr du das tust, desto weniger negative Gedanken wirst du haben und desto weniger wird sich Negatives in deinem Leben manifestieren. Alles beginnt mit unseren Gedanken. Also starte dort, wenn du dein Leben neu ausrichten möchtest!

Notizen

„Der Pessimist sieht Schwierigkeiten bei jeder Gelegenheit. Der Optimist erkennt die Gelegenheit bei jeder Schwierigkeit."

Lawrence Pearsall Jacks

17. Was sind deine persönlichen Stärken?

Jeder Mensch besitzt persönliche Stärken und Schwächen. In diesem Abschnitt wollen wir uns jedoch nur auf die Stärken konzentrieren. Zu oft vergessen wir, was wir wirklich gut können oder erkennen es vielleicht nicht einmal. Vielleicht gibt es ein besonderes Talent in dir, welches du selbst noch nicht entdeckt hast. Mit welcher Sicherheit kannst du behaupten, dass du bereits alles über dich weißt? Wahrscheinlich nicht. Es gibt immer wieder neue Dinge, die du über dich selbst herausfindest. Diese Entdeckungen wirst du jedoch nur machen, wenn du neue Erfahrungen sammelst, dich neuen Herausforderungen stellst, oder dich intensiver mit dir selbst beschäftigst. Dennoch hast du heute schon Stärken, die dir bewusst sind. Stärken, die du entweder aktiv oder auch unbewusst in deinem Leben einsetzt.

Hast du dir darüber schonmal Gedanken gemacht?
Gedanken darüber, welche Fähigkeiten in dir stecken?
Fähigkeiten, die du vielleicht im Laufe der Jahre kontinuierlich verbessert hast und die dich als Mensch einzigartig machen?
Was sind also deine persönlichen Stärken?
Schreibe sie auf!

Notizen

> „Wer sich seiner Stärken bewusst ist, braucht sich nicht immer stark zu machen."
>
> **Ernst Ferstl**

75

18. Was sind deine persönlichen Schwächen?

Genauso wie jeder Mensch persönliche Stärken besitzt, hat er auch persönliche Schwächen. Diese können in vielen verschiedenen Formen auftreten, wie z.b. Schwierigkeiten, sich auf etwas zu konzentrieren, sich leicht in Gedanken zu verlieren, ungeduldig zu sein, oder den Drang zu haben, alles perfekt machen zu wollen. Es ist wichtig zu erkennen, dass bestimmte Eigenschaften, die wir möglicherweise als Stärke ansehen, auch Schwächen sein können. Ein Beispiel dafür ist der Perfektionismus. Es kann von Vorteil sein, alles bis ins kleinste Detail perfekt machen zu wollen, aber diese Einstellung kann auch dazu führen, dass du nie mit dem zufrieden bist, was du tust, weil du immer das Gefühl hast, es könnte noch besser sein.

Denk mal für einen Moment darüber nach: Was würde passieren, wenn jeder Mensch so handeln würde?
Meinst du, dass es dann überhaupt Fortschritt in unserer Gesellschaft geben würde?
Würden jemals Projekte abgeschlossen werden?
Diese Fragen helfen uns, die Balance zu finden zwischen dem Streben nach Perfektion und der Notwendigkeit, Dinge abzuschließen und voranzukommen.

Nun aber zurück zum eigentlichen Thema: Da du nun weißt, was deine Stärken sind, solltest du dich nun mit deinen Schwächen auseinandersetzen.
Lässt du dich leicht ablenken?
Verlieren dich Gedanken häufig in endlosen Schleifen?
Lässt du dich schnell emotional aus der Fassung bringen?
Oder gibt es andere Eigenschaften, bei denen du merkst, dass sie dich zurückhalten?
Verlierst du dich schnell in deinen Gedanken?

Schreibe deine Schwächen auf und reflektiere darüber. Denke daran, dass Schwächen und auch Stärken nicht das sind, was dich definiert. Sie sind nicht dein "Endzustand". Jeder Mensch hat die Möglichkeit, sich zu verändern und zu wachsen. Du kannst jederzeit an dir arbeiten, wenn du das möchtest. Sei dir dieser Kraft bewusst und erinnere dich immer daran: Du hast die Kontrolle, etwas zu verändern, wann immer du es willst.

Notizen

---

19. Wie kannst du deine Talente und Fähigkeiten am besten nutzen?

Die Frage, wie du deine Stärken und Talente bestmöglich nutzen kannst, ist entscheidend, wenn du wirklich das volle Potenzial in dir entfalten möchtest. Jeder Mensch hat einzigartige Fähigkeiten und Talente, die ihm geschenkt wurden, und es liegt in deiner Hand, wie du diese einsetzt. Wenn du deine Talente vernachlässigst oder nicht weiterentwickelst, verschwenden sie nicht nur dein Potenzial, sondern du verpasst auch die Möglichkeit, dir selbst und anderen einen Mehrwert zu bieten.

Es ist ein echter Vorteil, über Talente zu verfügen, die dich von anderen abheben, aber es ist wichtig zu erkennen, dass Talent allein nicht ausreicht. Talent muss gepflegt, weiterentwickelt und konstant verbessert werden, um auf einem hohen Niveau zu bleiben. Wenn du dich darauf verlässt, dass du ein Talent besitzt, ohne kontinuierlich daran zu arbeiten, wirst du feststellen, dass andere Menschen, die sich weiterentwickeln, irgendwann deine Position einholen können.

Das bedeutet jedoch nicht, dass du in einen Wettkampf mit anderen verfallen solltest. Es geht nicht darum, sich mit anderen zu vergleichen oder sich durch Konkurrenz motivieren zu lassen. Vielmehr ist es ein Hinweis darauf, dass du selbst für dein Wachstum verantwortlich bist und dass du die Kontrolle darüber hast, wie du deine Fähigkeiten entwickelst. Also frage dich, wie du sie nutzen kannst.

Wie setzt du deine Talente aktuell ein?
Welche Bereiche deines Lebens profitieren am meisten von deinen Talenten?
Wie kannst du deine Fähigkeiten weiterentwickeln?
Was kannst du tun, damit deine Fähigkeiten so ausgelebt werden, dass sie ihr volles Potenzial erreichen?
Was hindert dich daran, dein Potenzial voll auszuschöpfen?
Wie kannst du deine Talente mit anderen teilen?

Indem du dich regelmäßig fragst, wie du deine Stärken weiterentwickeln und besser nutzen kannst, wirst du sicherstellen, dass du deine einzigartigen Fähigkeiten nicht nur für dich selbst, sondern auch für andere und deine Umgebung einsetzt. Nutze das Geschenk, das dir gegeben wurde, und wachse stetig über dich hinaus!

Notizen

> *„Eine Fähigkeit, die nicht täglich zunimmt, geht täglich ein Stück zurück."*
>
> **Chinesische Weisheit**

Täglich haben wir tausende von Gedanken, die meisten davon sind wiederholte Gedanken des Vortages. Bei vielen Menschen handelt es sich hierbei häufig um eher negative Gedanken. Zum Beispiel ärgern wir uns immer noch über den Nachbarn, der vor drei Tagen zu laut war; über die wieder gestiegenen Preise; oder über den Regen. Viele dieser Dinge können wir ohnehin nicht verändern oder beeinflussen. Das Einzige, was wir dadurch erreichen, ist, unsere wertvolle Energie zu verschwenden. Energie, die wir für andere Dinge nutzen könnten. Warum also unsere Gedanken an solche Dinge verschwenden? Fühlst du dich hier vielleicht schon ertappt? Falls ja, keine Sorge, du kannst es ändern!

Doch wir denken nicht nur über bestimmte Dinge nach, sondern führen auch ständig Selbstgespräche. Die Stimme in unserem Kopf ist immer da – ob wir wollen oder nicht. Doch es stellt sich die Frage: Wie spricht diese Stimme mit uns?

Spricht sie positiv oder negativ?
Hast du sie auf deine Seite gezogen, oder ist sie gegen dich?
In welchen der folgenden Gedanken, siehst du dich eher wieder?

1. Ich kann das nicht. Ich bin nicht gut genug. Das werde ich niemals schaffen. Hoffentlich werde ich nicht bald krank. Ich habe haufenweiße Probleme...

2. Ich weiß, ich kann alles schaffen, was ich mir vornehme. Ich bin jederzeit gut genug. Ich bin dankbar dafür gesund zu sein. Ich meistere stets jede neue Herausforderung...

Und?
In welchen der Gedanken hast du dich wiedergefunden?
Bist du eher ein Mensch, der sich in negativen Gedanken wiederfindet?
Denkst du mehr in Mangel und Unzufriedenheit?
Oder bist du eher jemand, der sich mit positiven Gedanken identifiziert, dankbar ist und an sich selbst glaubt?

Ganz gleich, in welcher der beiden Denkweisen du dich wiederfindest – du formst damit täglich deine Innenwelt. Dein Selbstwertgefühl hängt unter anderem von deiner inneren Haltung ab. Achte also darauf, wie du mit dir selbst sprichst.

Eine hilfreiche Frage könnte sein: Würdest du zu einem geliebten Menschen so sprechen, wie du mit dir selbst sprichst? Wenn nicht, warum tust du es dann mit dir selbst? Warum behandelst du dich schlecht? Du hast das nicht verdient! Behandle dich wie deinen besten Freund, deinen Partner oder ein anderes geliebtes Wesen. Du bist das Wertvollste in deinem Leben! Fang an, dich auch so zu behandeln!

Notizen

_____

_____

_____

_____

_____

_____

_____

_____

_____

_____

_____

_____

_____

_____

_____

_____

_____

> „Das Denken ist das Selbstgespräch der Seele."
>
> **Platon**

21. Glaubst du an dich selbst?

Bist du ein Mensch der stets an sich selbst glaubt?
Oder bist du eher jemand, der oft an sich und seinen Fähigkeiten zweifelt?
Der Glaube an sich selbst ist eines der wichtigsten Eigenschaften im Leben. Ganz gleich, wie viele Menschen an dir zweifeln – solange du den Glauben an dich selbst nicht verlierst, kannst du alles erreichen, was du dir vornimmst. Egal wie viel Gegenwind du auch bekommen magst, du bleibst standhaft und verlierst nicht das Vertrauen in deine Fähigkeiten.
Viele Menschen sind sich jedoch nicht bewusst, wie viel sie erreichen könnten, wenn sie großes Vertrauen in sich selbst hätten. Sie wären zu weitaus mehr in der Lage, als ihr jetziges Ich sich vorstellen kann. Wahrscheinlich würden sie sich viel mehr zutrauen und sich auch neuen Herausforderungen stellen, was ihnen einzigartige Fähigkeiten verschaffen würde – Fähigkeiten, die sehr hilfreich für ihren weiteren Lebensweg sein könnten. Stattdessen stellen sie sich jedoch nur den bekannten Dingen, bei denen sie sich sicher fühlen, weil sie dort bereits Erfahrungen gemacht haben. Unbekannte Dinge hingegen können ein mulmiges Gefühl, Angst, Stress oder einfach Überforderung hervorrufen.

Wo findest du dich hier wieder?
Stellst du dich unbekannten Dingen, oder bleibst du lieber in deiner Komfortzone?
Um uns den unbekannten Dingen zu stellen, benötigen wir einen starken Glauben an uns selbst. Natürlich fällt es uns oft schwer zu glauben, dass wir der eine sind, der dies oder jenes schaffen wird.
Warum sollten gerade wir es schaffen, wenn so viele andere Menschen es nicht tun? Hier sind einige Fragen, die dir helfen sollen, darüber nachzudenken:

Warum sollten wir nicht der eine sein, der es schafft?
Warum sollte es jemand anderes schaffen und wir nicht?
Sind wir nicht alle gleich als Menschen?
Können wir nicht auch die gleichen Fähigkeiten erlernen, wie jemand anderes? Können wie nicht genau die gleiche Stärke entwickeln, wie jemand anderes erlangen?

Natürlich können wir das alles! Es liegt ganz allein nur daran, ob wir selbst daran glauben. Und tust du das?

Notizen

Ich habe nun ein paar allgemeine Fragen an dich:
Wer soll all die Dinge im Leben tun, wenn du sie nicht machst, weil du dich nicht bereit oder gut genug fühlst?
Wer soll die Welt verändern, wenn du es nicht tust?
Wer soll hilfsbereit sein, wenn du es nicht bist?
Wer soll ein Licht für andere sein, wenn du es nicht bist?
Wer soll Optimismus ausstrahlen, wenn du es nicht tust?
Wer soll deine Familie unterstützen und Kraft spenden, wenn du es nicht tust?
Wer soll dein Leben in die Hand nehmen, wenn du es nicht selbst tust?
Wer soll dein Leben übernehmen, wenn du es nicht tust?

Es wird nicht passieren, dass ein anderer Mensch dein Leben vollständig in die Hand nimmt. Wir haben immer unser eigenes Schicksal in der Hand. Deshalb sollten wir aufhören zu glauben, dass jemand anderes besser für bestimmte Dinge geeignet ist als wir selbst. Natürlich muss es nicht immer unsere Aufgabe sein, die Welt zu verändern oder zu verbessern.
Doch wer soll es deiner Meinung nach dann tun?
Was wäre, wenn jeder diesen Gedanken hätte, dass jemand anderes besser dafür geeignet ist, und dass es nicht seine Aufgabe ist?
Würde es dann überhaupt noch Fortschritt in unserer Welt geben?

Ich vermute, wir würden stillstehen. Genau aus diesem Grund ist dein Beitrag für diese Welt so wichtig! Du bist etwas Besonderes, vergiss das nie! Das bedeutet jedoch nicht, dass du dich über andere stellen solltest. Jeder Mensch ist gleichwertig, und jeder hat es verdient, mit Respekt behandelt zu werden.
Mache dir einfach bewusst, dass jeder Einzelne von uns einen Beitrag leistet. Jeder gibt sein Bestes, entsprechend seinem Bewusstsein und seiner Möglichkeiten. Jeder Mensch hat das Potenzial, Großes zu bewirken. Auch du bist gut genug für all die Dinge, bei denen du an dir zweifelst. Du kannst so viel in deinem Leben und im Leben anderer verändern. Glaube an deinen eigenen Wert und bringe ihn in dieser Welt zum Ausdruck. Beweise dir selbst, was du alles erreichen kannst! Niemand ist besser geeignet, diese Aufgaben in deinem Leben zu übernehmen, als du selbst.

Natürlich kannst du diese Aufgaben mit anderen teilen. Aber behalte die Verantwortung für dein Leben und sei aktiv daran beteiligt.

Notizen

„Unser Schicksal liegt nicht in den Sternen, sondern in uns selbst."

William Shakespeare

Jeder Mensch ist einzigartig. Leider erkennen wir nicht immer diese Einzigartigkeit an. Oft verlieren wir uns, indem wir uns mit anderen vergleichen. Dabei spielt es keine Rolle, um welches Thema es geht. Wir denken Dinge wie: „Er/Sie sieht besser aus als ich", „Er/Sie hat mehr Geld, Erfolg oder Glück", oder „Er/Sie hat ein besseres Leben als ich" – und so weiter.

Vergleiche haben jedoch keinen positiven Nutzen für uns. Indem wir uns auf diese Weise mit anderen messen, lösen wir vor allem negative Emotionen in uns aus. Natürlich kann man Vergleiche auch nutzen, um sich selbst in ein besseres Licht zu rücken. Dann sagen wir zum Beispiel: „Ich bin besser, klüger, stärker, schöner als du." Doch auch diese Art des Vergleichens dient nur dazu, das eigene Ego zu pushen, ohne echten Mehrwert für uns. Es hat daher ebenfalls keinen positiven Nutzen.

Warum also sollten wir uns weiterhin mit anderen vergleichen, wenn es uns nicht weiterbringt?
Tun wir das eventuell aus Gewohnheit?
Hast du dich das jemals hinterfragt?

Wie ich zu Beginn bereits gesagt habe: Du bist einzigartig. Jeder Mensch ist einzigartig. Es gibt deine Version, mit all deinen Eigenschaften, Stärken, Schwächen und Talenten, nur ein einziges Mal auf dieser Welt – du bist also etwas ganz Besonderes und Wertvolles. Vergleiche mit anderen machen keinen Sinn, denn es gibt keinen fairen Vergleich, der dir oder einer anderen Person gerecht werden würde. Kein Vergleich ist wirklich gerecht, weil jeder Mensch seine eigenen einzigartigen Qualitäten hat.
Deshalb solltest du aufhören, dich als „schlechter" oder „besser" im Vergleich zu anderen zu betrachten. Akzeptiere dich selbst so, wie du bist, und akzeptiere auch andere, wie sie sind. Es gibt kein „besser" oder „schlechter" – es gibt nur Einzigartigkeit.

Vergleichst du dich mit anderen?
Wann hast du dich das letzte Mal mit jemanden verglichen?
Wie möchtest du in Zukunft mit solchen Gedanken umgehen?

Notizen

_____

_____

_____

_____

_____

_____

_____

_____

_____

_____

_____

_____

_____

_____

_____

_____

> „Respektiere deine Einzigartigkeit und höre auf dich zu vergleichen. Entspanne dich in deinem Sein."
>
> **Osho**

24. Welche Erwartungen hast du an dich selbst?

Oft haben wir bestimmte Erwartungen an Menschen, die uns nahestehen oder mit denen wir viel Zeit verbringen – sei es Familie, enge Freunde oder Arbeitskollegen. Wir erwarten Dinge von ihnen, die sie entweder erfüllen oder eben nicht. Aber in dieser Frage geht es nicht um andere, sondern um dich. Es ist wichtig zu verstehen, dass wir niemals Erwartungen an andere Menschen stellen sollten, denn so können wir auch nicht enttäuscht werden. Die einzige Person, von der du etwas erwarten solltest, bist du selbst! Du allein kannst deine eigenen Erwartungen erfüllen. Du bist nicht auf andere angewiesen, um deine Ziele in die Realität umzusetzen. Es gibt nur eine Voraussetzung: Du musst deine eigenen Erwartungen an dich selbst erfüllen.

Häufig nehmen wir uns bestimmte Dinge vor – sei es, regelmäßig Sport zu treiben, sich gesünder zu ernähren, mit dem Rauchen aufzuhören, und so weiter. Diese Vorsätze sind meist typisch für den Beginn des Jahres. Doch wie viele Menschen halten tatsächlich ihre Neujahrsvorsätze? Leider nur sehr wenige. Die meisten schaffen es nicht einmal, ihren Vorsätzen für ein paar Tage treu zu bleiben. Bald fallen sie wieder in alte Muster zurück und geben alles auf.

Die Frage, die sich mir dabei stellt, ist: Welche Erwartungen haben diese Menschen an sich selbst?

Wenn sie sich beispielsweise Gesundheit wünschen, warum tun sie dann Dinge, die ihrer Gesundheit schaden, oder lassen Dinge aus, die förderlich für ihre Gesundheit wären?

Warum treiben sie beispielsweise keinen regelmäßigen Sport?

Warum schädigen sie ihren Körper durch Alkohol oder Nikotin?

Warum versorgen sie ihren Körper nicht mit den notwendigen Vitaminen und Mineralstoffen?

Liegt es eventuell daran, weil sie wieder in alte Gewohnheit zurückfallen?

Oder fällt es ihnen schwer, dranzubleiben?

Was auch immer der Grund sein mag, diese Menschen erfüllen ihre eigenen Erwartungen nicht. Und häufig sind sie dann enttäuscht von sich selbst. Es ist nicht schlimm, wenn wir hin und wieder in alte Muster zurückfallen, oder wenn wir mal nicht das tun, was wir uns vorgenommen haben. Entscheidend ist jedoch, dass wir langfristig unseren eigenen Ansprüchen gerecht werden und sie auf eine Weise erfüllen, die für uns stimmig ist.

Denk also immer darüber nach, ob das, was du gerade tun möchtest, wirklich im Einklang mit deinen Zielen und Werten steht. Achte darauf, was du von dir selbst erwartest und handle entsprechend.

Frage dich immer: „Was erwarte ich von mir selbst?"

Notizen

> „Fordere viel von dir selbst und erwarte wenig von den anderen. So wird dir Ärger erspart bleiben."
>
> **Konfuzius**

25. Was sind deine Prioritäten?

Jeder Mensch hat bestimmte Prioritäten im Leben – manche mehr, andere weniger. Der eine ist sich seiner Prioritäten bewusst, der andere eher nicht. Der eine trifft bewusste Entscheidungen in Bezug auf seine Prioritäten, der andere wiederum nicht. Es gibt viele Menschen da draußen, die sich nie wirklich Gedanken darüber gemacht haben, was ihre Prioritäten im Leben sind. Dabei ist es so wichtig, sich darüber klar zu werden und bewusst nachzudenken. Andernfalls laufen wir Gefahr, Dingen nachzujagen, die wir für wichtig halten, obwohl sie es eigentlich gar nicht sind. Ebenso können wir uns von anderen überreden oder beeinflussen lassen, Dinge zu tun, die wir eigentlich nicht wollen, weil sie unseren eigenen Prioritäten widersprechen. Ein Beispiel: Vielleicht ist dir deine Gesundheit sehr wichtig, weshalb du regelmäßig Sport treibst, dich gesund ernährst und auf schädliche Substanzen verzichtest. Doch dann lässt du dich von deinem Umfeld dazu verleiten, diese Prioritäten zu ignorieren und tust Dinge, die du später bereuen könntest.

Lass es nicht so weit kommen! Mach dir bewusst, was dir wirklich wichtig ist. Sobald du eine Sache zu deiner Priorität gemacht hast, steh auch dazu! Lass nicht zu, dass andere Menschen oder äußere Umstände deine Prioritäten aus dem Blickfeld geraten lassen. Du hast es verdient, zu deinen Prioritäten zu stehen!

Falls es dir also wichtig ist, auf deine Gesundheit zu achten, dann tue das!

Falls es dir wichtig ist, Zeit für dich selbst oder mit deiner Familie zu verbringen, dann nimm dir diese Zeit.

Falls es dir wichtig ist, dein Wissen zu erweitern, dann tu es!

Egal, was deine Prioritäten sind – steh zu ihnen!

Also, was sind deine Prioritäten?

Notizen

> „Um dein Leben zu ändern, musst du deine Prioritäten ändern."
>
> **Mark Twain**

26. Wie gehst du mit Entscheidungen um?

Bist du ein Mensch, der sich schnell entscheiden kann, oder benötigst du immer ein wenig Zeit, um eine Entscheidung zu treffen? Wie sieht es hier bei dir aus?

Es ist sehr vorteilhaft, wenn wir uns antrainieren, Entscheidungen schnell treffen zu können. Dadurch fällt es uns in der Zukunft leichter, auch schwierige Entscheidungen zu fällen. Besonders bei größeren Entscheidungen zögern wir oft, weil wir Angst haben, uns falsch zu entscheiden. Das Resultat ist dann meistens, dass wir gar keine Entscheidung treffen – aber auch das ist eine Entscheidung: Wir lassen alles beim Alten oder warten darauf, dass andere etwas verändern, selbst wenn uns diese Veränderung später nicht gefällt.

Denn das Treffen von Entscheidungen ist wie das Trainieren eines Muskels: Je öfter du es übst, desto besser wird es dir gelingen. Wenn du dir beibringst, Entscheidungen schneller zu treffen, trainierst du deinen „Entscheidungsmuskel". Es ist sinnvoll, mit kleinen Entscheidungen zu beginnen (zum Beispiel: „Was esse ich heute?" oder „Was ziehe ich an?"), um dann auch bei größeren Entscheidungen schneller handeln zu können. So verpasst du keine Gelegenheit, eine Entscheidung zu treffen, wenn es wirklich darauf ankommt, und kannst großartige Chancen im Leben nutzen.
Allerdings sollten wir uns nicht ärgern, wenn wir glauben, uns falsch entschieden zu haben. Wir wissen nie, was passiert wäre, wenn wir uns anders entschieden hätten. Vielleicht wäre die andere Entscheidung sogar schlechter gewesen. Akzeptiere einfach deine damalige Wahl und lerne daraus. Höchstwahrscheinlich hast du dich mit den besten Absichten entschieden, die du zu der Zeit hattest. Natürlich können wir uns auch umentscheiden, wenn wir feststellen, dass wir nicht mehr hinter unserer Entscheidung stehen. Wir müssen nicht auf einer Wahl verharren, denn mit jeder Erfahrung sammeln wir neues Wissen, das uns neue Perspektiven eröffnet. Dadurch wächst unser Bewusstsein, und wir entwickeln uns weiter.

Wie gehst du also mit Entscheidungen um?
Wirst du in Zukunft mehr darauf achten, Entscheidungen schneller zu treffen?
Hast du schon einmal eine Chance verpasst, weil du dich nicht entscheiden konntest?

Bereust du irgendeine frühere Entscheidung?
Hast du dich schon einmal für etwas umentschieden? Wenn ja, was war das?

Notizen

_____

_____

_____

_____

_____

_____

_____

_____

_____

_____

_____

_____

_____

_____

_____

_____

_____

_____

> *„Das Leben ist die Summe all unserer Entscheidungen."*
>
> **Albert Camus**

Wir alle haben Muster, die wir unbewusst von unseren Eltern, Freunden, Familienmitgliedern, Lehrern, Bekannten und anderen übernommen haben.
Zu Beginn ist es oft sehr schwer zu erkennen, um welche Muster es sich dabei genau handelt. Völlig unbewusst führen wir bestimmte Tätigkeiten und Gewohnheiten aus, ohne wirklich zu wissen, warum wir sie tun. Meistens hinterfragen wir diese Dinge nicht, weil wir davon ausgehen, dass sie einfach Teil unserer Persönlichkeit sind. Wir haben uns selbst davon überzeugt, dass diese Eigenschaften und Muster uns ausmachen.
Doch ist das wirklich so?

Hast du dich schon einmal gefragt, ob du all deine aktuellen Glaubenssätze wirklich selbst gewählt hast, oder ob du sie von anderen übernommen hast?
Wie stehst du beispielsweise zum Thema Geld?
Kommen dabei ungute Gefühle hoch, wenn du an dieses Thema denkst?
Hast du eventuell negative Assoziationen dazu?
Und falls ja, warum?
Liegt es möglicherweise daran, dass deine Eltern diesen Umgang mit Geld vorgelebt haben?

Es könnte sehr gut sein, dass dies der Fall ist. Natürlich beschränkt es sich nicht nur auf das Thema Geld, sondern du kannst auch in vielen anderen Bereichen unbewusst Glaubenssätze übernommen haben. Häufige Glaubenssätze sind zum Beispiel: „Ich darf keine Fehler machen", „Das Leben ist anstrengend/hart", „Niemand mag/liebt mich", „Ich schaffe/kann das nicht", „Ich kann niemandem trauen" und viele mehr.
Das Problem dabei ist, dass diese Glaubenssätze, wenn wir sie unbewusst denken und nicht hinterfragen, sich immer weiter verstärken. Wenn wir zum Beispiel glauben, dass wir niemandem trauen können und unser Vertrauen dann von jemandem missbraucht wird, erhalten wir eine Bestätigung für diesen Glaubenssatz. Dadurch wird er noch weiter bekräftigt, und wir vertrauen in Zukunft noch weniger. Aber hier liegt der Kern: Wir erhalten immer nur das, woran wir glauben – bewusst oder unbewusst. Du wirst immer eine Bestätigung für das bekommen, was du glaubst. Du kannst nur das empfangen, was du

aussendest. Wie sollst du auch etwas anderes erhalten, wenn du nicht danach fragst?

Es ist daher wichtig, deine Glaubenssätze zu hinterfragen.

Was sind deine Glaubenssätze?

Welche deiner Glaubenssätze könnten dafür verantwortlich sein, dass du auf der Stelle trittst und nicht im Leben vorankommst?

Welche deiner Glaubenssätze bringen dich dagegen weiter?

Welche könnten deine Erfolge verhindern?

Welche Glaubenssätze sind positiv, welche negativ?

Wo und wann hast du all diese Glaubenssätze übernommen?

Notizen

> „Wir sind, was wir denken. Alles, was wir sind, entsteht aus unseren Ge-
> danken. Mit unseren Gedanken formen wir die Welt."
>
> **Buddha**

28. Bist du dir deiner Schöpferkraft bewusst?

Hast du eine Ahnung, welche heilige Kraft in dir wohnt?
Bist du dir bewusst, wie schöpferisch du wirklich bist?

Wir alle sind schöpferische Wesen und haben die Fähigkeit, genau das in unser Leben zu ziehen, worauf wir unsere Energie lenken. Jederzeit können wir unser Leben neugestalten, es so formen, wie wir es uns vorstellen und wünschen. Alles, was wir dafür tun müssen, ist, eine energetische Verbindung zu dieser Parallelen Realität einzugehen. Denn es existieren Millionen anderer Welten, die wir in unsere jetzige Realität ziehen können. Es liegt an uns, welche dieser Welten wir anziehen möchten. Man kann sich das so vorstellen, dass über unseren Köpfen zahlreiche Verbindungen durch Seile, Fäden oder Ketten bestehen, die mit verschiedenen Welten und unseren Gedanken verknüpft sind. Mit unseren Gedanken können wir entscheiden, an welchen dieser Verbindungspunkte wir ziehen werden. Je mehr wir diesen Gedanken vertiefen, oder ähnliche Gedanken in diesem Bereich hervorbringen, desto stärker ziehen wir diese Welt in unser Leben. Sie wird dann zur Realität und schließlich zur Materie. Was auch immer diese Welt beinhaltet, wird nun in unser Leben treten.

Du glaubst mir eventuell nicht?
Dann möchte ich dir gerne eine Frage stellen: Hast du schon einmal an etwas immer wieder gedacht, und es ist tatsächlich so in deinem Leben passiert? Zum Beispiel eine Trennung von einem Menschen, das Auftauchen einer Krankheit, oder auch alltägliche Dinge, wie das Finden eines Parkplatzes, oder der Anruf einer Person, an die du kürzlich gedacht hast.

Denkst du das alles passiert nur durch Zufall?
Oder erkennst du die tiefere Bedeutung dahinter?
Glaubst du nicht auch, dass diese Dinge genau deswegen passiert sind, weil du zuvor daran gedacht hast?
Erinnerst du dich an Momente, in denen du diese Kraft wahrgenommen hast, aber dir nicht erklären konntest?
Wie denkst du darüber?

Ganz gleich, wie sehr dieses Konzept mit dir resoniert oder nicht, beobachte dich in der nächsten Zeit und probiere es selbst aus – ohne jegliche Erwartungen. Erlebe selbst, welche Macht in dir liegt. Denn du weißt ja bereits, dass alles Energie ist. Daher ziehst du genau die Energie an, die du selbst aussendest. Es ist nichts anderes. Das ist alles.

Nikola Tesla sagte bereits, dass diese Welt auf Schwingung, Energie und Frequenzen beruht. Und viele andere Genies haben auf diese Macht in uns geschworen und ihr vertraut.

Daher frage ich dich: Zweifelst du an ihrer Erkenntnis?
Bist du der Meinung, es besser zu wissen?
Wenn ja, was macht dich so sicher?
Oder ist es nur ein Glaubenssatz von dir?

Hinterfrage deine Ansicht, ganz gleich, wie sie auch lauten mag. Schalte den Verstand aus und fühle in dich hinein. Erkenne, was die Wahrheit ist und wozu du wirklich in der Lage bist.

Notizen

29. Was ist dir wirklich wichtig im Leben?

Viel zu oft priorisieren wir Dinge, die wir im ersten Moment als superwichtig empfinden, die es nach genauerer Betrachtung jedoch nicht wirklich sind.

Wir richten immer wieder unseren Fokus auf genau diese Dinge und fragen uns dann im Nachhinein, warum wir keine Energie mehr für die wirklich wichtigen Tätigkeiten übrighaben. Ein Beispiel: Manche Menschen beschäftigen sich intensiv damit, dass ihr Zuhause jederzeit vollkommen sauber sein muss – es darf kein Staubkorn in der Ecke liegen. Deshalb reinigen sie täglich ihre Wohnung und verwenden viel Zeit darauf. Andere wichtige Aufgaben bleiben währenddessen auf der Strecke. Natürlich ist es wichtig, sich in einem sauberen und angenehmen Umfeld aufzuhalten, denn Ordnung kann deine allgemeine Energie steigern. Doch ist es wirklich notwendig, das Zuhause wie ein Museum zu behandeln? Muss alles bis ins kleinste Detail sauber sein, oder handelt es sich hier eher um Perfektionismus? Selbstverständlich ist es jeden selbst überlassen, wie er sich, sein Umfeld und seine Umgebung behandelt. Denk allerdings daran, dass du für alles Energie aufwendest und nur eine begrenzte Menge davon täglich zur Verfügung hast. Das klingt eigentlich logisch, oder?

Warum also widmen die meisten Menschen sich zuerst den weniger wichtigen Aufgaben?
Warum fokussieren sie sich nicht einzig und allein auf ihre wahren Ziele?
Warum empfinden sie bestimmte Dinge als extrem wichtig, obwohl sie es in Wahrheit nicht sind?

Es gibt verschiedene Gründe, warum wir uns so verhalten. Vielleicht wollen wir die Erwartungen anderer Menschen erfüllen. Vielleicht sind wir nicht bereit, aus unserer Komfortzone auszutreten und bevorzugen die Bequemlichkeit. Oder wir haben Angst, etwas Neues zu starten. Dabei sollten wir uns doch bewusst machen, dass unsere Zeit begrenzt ist. Irgendwann wird der Tag kommen, an dem wir diesen Planeten verlassen müssen. An diesem Punkt blicken wir auf unser Leben zurück und freuen uns darüber, was wir erlebt, getan und erfahren haben – oder wir bereuen, was wir nicht getan haben. Es kommt also darauf an, was wirklich wichtig in deinem Leben ist.

Worauf schenkst du deine Aufmerksamkeit, Liebe, Zeit, Vertrauen und Bedeutung?

Mache dir das jederzeit wieder bewusst.

Also, was ist dir wirklich wichtig?

Auf was kommt es wirklich an?

Welche Dinge sind wirklich entscheidend für dein Leben?

Notizen

---

30. Welche Menschen inspirieren dich und warum?

Gibt es Menschen in deinem Leben, zu denen du aufsiehst? Gibt es Menschen, die dich inspirieren und die du dir als Vorbild nimmst?

Ich denke, jeder von uns hat Menschen in seinem Leben, die ihn auf irgendeine Weise faszinieren und berühren – sei es bewusst oder unbewusst. Diese Menschen schaffen es, uns zu fesseln und etwas in uns zu bewegen. Es spielt keine Rolle, ob sie uns mit ihrer Sprache, wie etwa Shakespeare, ihrer harmonischen Musik, wie Mozart, ihrer kreativen Kunst, wie Da Vinci, oder ihrem tiefgründigen Verstand, wie Einstein, beeindrucken. Jeder von uns hat etwas, das andere bewundern oder begeistern könnte. Es liegt an uns, ob wir dieses Potenzial erkennen und zum Ausdruck bringen.

Letztlich ist es für uns alle möglich, die Dinge zu erlangen und zu erreichen, die wir an anderen so bewundern. Natürlich werden wir nicht die exakte Kopie dieser Menschen sein können. Doch das ist auch nicht notwendig, denn wir besitzen unsere eigene, einzigartige Persönlichkeit. Wir werden niemals der nächste Albert Einstein, Nikola Tesla, Charles Darwin oder Leonardo da Vinci sein – diese Menschen existierten mit genau dieser Persönlichkeit nur einmal. Aber wir können von ihnen lernen und Eigenschaften in unser Leben integrieren, die uns inspirieren.

Wichtig ist jedoch, dass wir niemals unsere eigene Persönlichkeit vergessen. Wir sind nicht diese Menschen, wir sind wir selbst. Nutze das, was dich an anderen inspiriert, um zu lernen und dich weiterzuentwickeln. Wende es an, um deine eigene, individuelle Klasse zu präsentieren. Zeige deine Persönlichkeit, sei du selbst und verstelle dich nicht zu etwas, das nicht deiner Natur entspricht.

Also, von welchen Menschen lernst du?
Zu welchen Menschen siehst du auf?
Welche Menschen nimmst du dir als eine Art Vorbild?
Was genau ist es, was dich an diesen Menschen inspiriert und fasziniert?
Versuchst du, jemanden zu kopieren? Oder bleibst du dir selbst treu?

Notizen

„Die größten Menschen sind jene, die anderen Hoffnung geben können."

Jean Jaurès

Es beeinflusst, wer wir sind und welche Entscheidungen wir treffen. Ob wir es nun bemerken oder nicht, die Menschen um uns herum prägen uns. Nicht umsonst gibt es das Sprichwort: „Du bist der Durchschnitt der fünf Menschen, mit denen du die meiste Zeit verbringst." Zeig mir also dein Umfeld, und ich kann dir mit großer Wahrscheinlichkeit sagen, was für ein Typ Mensch du bist. Aus diesem Grund sollten wir gut überlegen, welche Menschen wir in unser Leben lassen und welche nicht. Du nimmst die Energie dieser Menschen auf. Ein Beispiel dazu: Stell dir vor, du hast eine Gruppe von fünf Freunden, mit denen du die meiste Zeit verbringst. Diese Freunde haben alle eine eher negative Einstellung im Leben. Sie lästern viel, beklagen sich über Kleinigkeiten und gehen nicht achtsam mit ihrer Gesundheit um.

Was für eine Art Mensch bist du, wenn du die meiste Zeit mit diesen Menschen verbringst?
Wirst du nicht auch eher eine negative Einstellung entwickeln? Oder bist du der Einzige in dieser Gruppe, der eine positive Einstellung besitzt?
Ich schätze, es wird wahrscheinlich so sein, dass auch du eine negative Einstellung einnimmst. Es wird sehr schwer sein, eine positive Haltung zu bewahren, wenn du dich ständig mit dem Gegenteil umgibst. Ebenso wird es dir schwerfallen, negativ zu bleiben, wenn du von positiven Menschen umgeben bist. Du wirst automatisch positiver im Leben, wenn du ein positives Umfeld hast. Sei also stets wachsam, mit welchen Menschen du dich umgibst! Jeder einzelne Mensch hat eine Wirkung auf dich!

Wer befindet sich also aktuell in deinem Umfeld?
Wer hat eine positive Wirkung auf dich?
Gibt es Menschen in deinem Umfeld, die dich negativ beeinflussen?
Triffst du bewusst Entscheidungen darüber, welche Menschen du in dein Leben lässt?
Du hast immer die Wahl, wen du in dein Leben lässt. Du entscheidest, wer dir nahekommt und wie du dich letztendlich selbst entwickelst. Wie genau möchtest du sein? Was für eine Art Mensch willst du sein?

Auch wenn es hart klingen mag, nicht alle Menschen in deinem engen Umfeld tun dir gut. Von manchen Menschen sollten wir Abstand nehmen, wenn sie uns nicht guttun. Wir müssen entscheiden, ob wir lieber dort verweilen oder uns selbst wirklich kennenlernen wollen. Du hast es in der Hand!

Übrigens, es ist auch nicht schlimm, wenn du erst einmal Zeit allein verbringst, weil du niemanden in deinem Umfeld hast, der dir guttut. Genieße diese Zeit und lerne dich richtig kennen. Erfahre, was für ein Mensch du bist. Die richtigen Menschen wirst du auf deinem Weg finden und kennenlernen.

Hab keine Angst vor Veränderung oder Einsamkeit. Du wirst immer dich selbst haben. Hab Vertrauen – alles andere wird folgen.

Notizen

„Dein Umfeld färbt auf dich ab. Wähle weise, mit wem du dich umgibst."

Unbekannt

32. Was hast du in deinem Leben bereits alles gelernt?

Weißt du was eines der wichtigsten und schönsten Dinge ist, die du im Leben ständig tun solltest? Genau, lernen! Bei den meisten Menschen sieht es leider so aus, dass sie nach der Schule höchstens noch eine Ausbildung oder ein Studium absolvieren und dann denken, das Lernen sei endlich vorbei. "Puh, endlich geschafft!" – das Denken sich bestimmt einige. Dabei kann Lernen so viel Spaß machen und dich im Leben wirklich voranbringen.

Das Lernen, auf das ich mich hier beziehe, ist nicht das typische Schullernen, sondern die Art von Lernen, die dir im Leben nützlich ist oder es sein könnte. Es geht um Fähigkeiten, die du dir aneignest, um deine Persönlichkeit auf das nächste Level zu heben; Eigenschaften, die dir im Alltag nützlich sind und dein Leben einfacher machen; oder das Entdecken von Begabungen, die dir einfach Freude bereiten. Wie du siehst, gibt es viele Vorteile des Lernens, und trotzdem sind so wenige Menschen bereit, ihre Zeit dafür zu investieren. Dabei hat Lernen keinerlei Nachteile. Das Einzige, was du aufbringen musst, ist Zeit und Energie.

Und wenn wir ehrlich sind, können wir alle täglich ein wenig Zeit für das Lernen aufwenden – sei es, um uns persönlich weiterzuentwickeln oder um etwas zu tun, das uns Freude bereitet.

Um das Ganze ein wenig greifbarer zu machen, denke mal darüber nach, was du bereits alles in deinem Leben gelernt hast. Und damit meine ich nicht nur das, was du in der Schule gelernt hast, sondern alles, was du seit deiner Kindheit erlernt hast. Wahrscheinlich vereinfachen dir viele dieser Dinge dein heutiges Leben.

Mache dir deshalb folgende Fragen bewusst:

Welche Fähigkeiten hast du dir in Laufe der Jahre angeeignet?
Wie nutzt du diese Fähigkeiten in deinem Leben?
Setzt du sie täglich ein, eher selten, oder sogar gar nicht?
Was hat dich dazu motiviert, diese Eigenschaften zu erlangen?
Was war der Grund, weshalb du sie dir angeeignet hast?
Welche Vorteile bringen dir diese Fähigkeiten?
Wie würde dein Leben aussehen, wenn du all diese Dinge nicht gelernt hättest?

Notizen

> „Jeder der aufhört zu lernen, ist alt, mag er zwanzig oder achtzig Jahre zählen. Jeder, der weiterlernt, ist jung, mag er zwanzig oder achtzig Jahre alt sein."
>
> **Henry Ford**

33. Welche Erfahrungen haben dich geprägt und beeinflusst?

Denkst du manchmal darüber nach, dass du ein völlig anderer Mensch wärst, wenn etwas in deinem Leben nicht so passiert wäre, wie es geschehen ist?
Dass du vielleicht sogar in eine ganz andere Richtung gegangen wärst?

Oft wird uns gar nicht bewusst, wie sehr bestimmte Ereignisse unser Leben geprägt haben. Im ersten Moment können schwere Schicksalsschläge uns tief treffen und uns bis ins Mark erschüttern. Doch es könnte genauso gut sein, dass diese Erlebnisse notwendig waren, damit deine Persönlichkeit wachsen konnte und du zu dem Menschen wurdest, der du heute bist. Besonders durch schmerzhafte Erfahrungen wachsen wir enorm über uns hinaus und entwickeln eine viel stärkere Persönlichkeit. Heutzutage würdest du Herausforderungen, die du damals als unmöglich betrachtet hast oder die du mit enormer Anstrengung bewältigen musstest, vielleicht sogar mit Leichtigkeit meistern – oder vielleicht würdest du sogar darüber lachen. Deine Persönlichkeit ist gewachsen und hat aus allem, was sie durchlebt hat, gelernt.
Natürlich können auch positive Ereignisse uns beeinflussen. So oder so, wir lernen und wachsen aus unseren vergangenen Erfahrungen.

Doch welche Ereignisse genau haben dich zu dem Menschen gemacht, der du heute bist? Was hat dich in deinem Leben beeinflusst? Warum bist du so geworden, wie du heute bist?
Warst du schon immer so, oder gab es etwas, das dich verändert hat?

Vielleicht wirst du durch diese Überlegungen auch besser verstehen, warum du in bestimmten Situationen so reagierst, wie du es tust. Es kann sein, dass du etwas erlebt hast, das dich so stark geprägt hat, dass du immer wieder daran denken musst, sobald eine ähnliche Situation auftritt. Du erinnerst dich an deine damalige Gefühlslage und schwingst sofort wieder auf diesem emotionalen Level mit.
Könnten es zum Beispiel deine Eltern gewesen sein, die etwas gesagt oder getan haben, was dich bis heute unbewusst beeinflusst?
Mach dir intensiv Gedanken darüber. Du könntest vieles über dich selbst erfahren, was dir vielleicht noch nie zuvor bewusst war. Schau nach innen und fühle in dich hinein.

Notizen

> „Erfahrung ist nicht, was einem Menschen widerfährt, sondern was man daraus macht!"
>
> **Aldous Huxley**

34. Wie gehst du mit Herausforderungen und Rückschlägen um?

Jeder Mensch hat Dinge in seinem Leben erlebt, die ihn verändert haben. Bestimmte Herausforderungen, die für einen hart zu überwältigen waren. Zeiten, die sehr schwer waren, in denen man vielleicht nicht wusste, wie es weitergehen sollte. Ereignisse, die einem große Schmerzen zugefügt haben. Schicksalsschläge, die einen tief getroffen haben.

Kennst du solche Momente?
Hattest du schon einmal solche Erfahrungen in deinem Leben? Vermutlich ja.
Doch wie hast du auf diese Momente reagiert?
Was haben sie innerlich mit dir gemacht?
Und vor allem, wie betrachtest du diese Erfahrungen heute?
Denn genau das ist der entscheidende Faktor!
Was für ein Typ Mensch bist du heute?
Bist du jemand, der sich vor jeder Herausforderung drückt und sich unter der Bettdecke verkriecht?
Oder stellst du dich diesen Herausforderungen und überwindest sie?
Bist du jemand, der Rückschläge als Ausrede nutzt, um seine derzeitige Verfassung zu erklären?
Oder nutzt du diese Rückschläge, um daraus zu lernen und stärker zu werden?

Sieh es mal so: Es gibt Dinge im Leben, die wir einfach nicht ändern können. Wir müssen lernen, diese Dinge zu akzeptieren. Vielleicht sollten sie genau so geschehen, damit du dich weiterentwickeln konntest und zu dem Menschen geworden bist, der du heute bist. Es werden immer wieder neue Herausforderungen kommen, die dich auf die Probe stellen werden – meistens tun sie das ohne Vorwarnung. Du wirst Rückschläge erleben, damit du daraus lernen und wachsen kannst. Das Leben ist ein Auf und Ab. Nach jedem Hoch kommt ein Tief, und nach jedem Tief folgt ein Hoch. Es ist ein ewiger Kreislauf. Natürlich gibt es auch Ereignisse, die dich emotional aufwühlen werden. Lass diese Emotionen zu und unterdrücke sie nicht.
Wenn du Trauer fühlst, weil du beispielsweise den Verlust eines Menschen verkraften musst, dann lass diese Trauer zu! Doch sei auch dankbar für die gemeinsame Zeit, die ihr hattet.

Wenn du einen Fehler begangen hast und dein Leben dadurch durcheinandergeraten ist, frage dich, was du aus diesem Fehler lernen kannst und wie du ihn zukünftig vermeiden kannst. Verstehst du, was ich dir hiermit verdeutlichen möchte? Es ist entscheidend, wie wir gedanklich mit solchen Situationen umgehen! Deine Gedanken machen den Unterschied in der Art und Weise, wie du mit vergangenen und zukünftigen Herausforderungen sowie Rückschlägen umgehst.

Empfängst du Herausforderungen mit offenen Armen und bist bereit, diese zu meistern?

Bleibst du standhaft, egal was in deinem Leben geschieht?

Bist du bereit, Fehler zu machen und aus diesen zu lernen?

Wie gehst du genau mit solchen Situationen um?

Notizen

> „Auch aus Steinen, die einem in den Weg gelegt werden, kannst du schönes bauen."
>
> **Johann Wolfgang von Goethe**

35. Was war der bisher beste Ratschlag in deinem Leben?

Stell dir vor, du könntest eine jüngere Version von dir treffen und zu ihr sprechen. Was würdest du dieser jüngeren Version raten? Was ist eine Weisheit in deinem Leben, die du deinem jüngeren Ich nicht vorenthalten möchtest? Welche Erfahrungen hast du bereits gemacht, die nicht unbedingt notwendig waren und vor denen du deiner jüngeren Version warnen würdest?

Natürlich können und sollten wir nicht alle Erfahrungen, die wir in unserem Leben gemacht haben, abstreiten oder als schlecht verurteilen. So bitter und schmerzvoll sie auch gewesen sein mögen, sie haben uns letztlich zu dem Menschen gemacht, der wir heute sind. Ohne diese Erfahrungen würde ein Teil unseres heutigen Ichs fehlen. Wer weiß, was stattdessen passiert wäre, wenn wir diese Erfahrungen nicht gemacht hätten. Wo würden wir heute im Leben stehen? Wären wir eventuell in eine andere Richtung abgebogen? Das kann uns niemand genau beantworten, und dabei sollten wir es auch belassen. Akzeptiere einfach, was geschehen ist. Wir können jedoch aus all den Situationen in unserem Leben etwas mitnehmen und lernen. Ebenso können uns die Weisheiten und Erfahrungen anderer Menschen erreichen und unser Leben erleichtern.

Gibt es Menschen in deinem Leben, von denen du etwas lernst? Haben gewisse Menschen dir einen Ratschlag fürs Leben gegeben, den du für dich angenommen hast und als wertvoll erachtest? Wenn ja, wie lautet dieser Ratschlag? Was sagt dieser Ratschlag genau aus? Warum empfindest du diesen Ratschlag als wertvoll? Würdest du diesen Ratschlag mit anderen teilen, wenn sie danach fragen?

Selbstverständlich gibt es auch die andere Seite von Ratschlägen: die, die wir ohne zu fragen erhalten und die wir als eher sinnlos in unserem Leben ansehen. Ich spreche hier von der Art von Ratschlägen, die uns auf unserem Weg und in unserer Entwicklung nicht weiterhelfen. Diese werden meist unbewusst von anderen Menschen mitgeteilt, um ihre Meinung zu einem Thema zu äußern. Bedenke daher immer, dass du ganz allein darüber entscheidest, welche Ratschläge du im Leben annimmst und welche du an dir vorbeiziehen lässt. Nicht alle

Ratschläge sind dafür gedacht, dass du sie in deinem Leben integrierst. Lass nur das an dich heran, was wirklich zu dir gehört. Fühl dort für dich hinein, was sich stimmig anfühlt.

Welche dieser Ratschläge könntest du ohne Bedenken an andere weitergeben?
Was könntest du mit deiner jüngeren Version davon teilen?
Gibt es noch Ratschläge in deinem Leben, die du einfach so akzeptiert hast, die jedoch nicht mit dir und deiner Persönlichkeit übereinstimmen?
Wie sieht es hier bei dir aus?
Auf der anderen Seite solltest du Ratschläge nur dann geben, wenn jemand danach fragt. Gib nicht einfach so deinen Rat preis. Es könnte sein, dass er auf der einen Seite nicht erwünscht ist und auf der anderen Seite nicht wertgeschätzt wird. Also behalte im Kopf: Sobald jemand nach deinem Rat fragt, kannst du ihn mit dieser Person teilen – aber nicht vorher.

Notizen

> „Wenn der Rat gut ist, spielt es keine Rolle, wer ihn erteilt hat."
>
> **Thomas Fuller**

36. Wie sieht dein ideales Leben aus?

Wie genau sieht eigentlich dein ideales Leben aus?

Was wäre für dich dein Traumleben?

Wo genau wohnst du?

Wie lebst du?

Wer befindet sich in deinem Umfeld?

Welche Tätigkeit übst du aus?

Was sind deine Hobbies?

Hast du dir schon einmal intensiv darüber Gedanken gemacht?

Viele Menschen wünschen sich ein anderes Leben als das, welches sie gerade führen. Doch beschäftigen sie sich nie wirklich damit, wie dieses Leben aussehen könnte. Wie genau soll sich dann etwas verändern, wenn sie nicht einmal wissen, wohin sie wollen? Es wäre quasi so, als würde ich ins Auto steigen, ohne ein bestimmtes Ziel zu haben und während der Fahrt wünsche oder beklage ich mich, endlich anzukommen. Wie soll das funktionieren? Richtig, es macht keinen Sinn! Also nimm dir die Zeit, um dein ideales Leben zu gestalten. Hol dir dieses Leben, das du dir wünschst, in dein Bewusstsein und vertiefe es. Wenn du dir dieses Leben wirklich wünschst, dann sollte sich dein Herz förmlich danach sehnen. Und tut es das?

Ist es ein Wunsch deines Herzens, oder ein Wunsch deines Egos?

Sehnt sich dein Herz nach diesem Leben, oder macht dir dein Ego etwas vor?

Warum genau willst du dieses Leben?

Willst du damit andere Menschen beeindrucken, oder eventuell sogar neidisch machen?

Oder siehst du diese ganzen Dinge als völlig belanglos an?

Bist du der Meinung, dass du dieses Leben verdient hast?

Ist dieses Leben für dich vorgesehen?

Wie auch immer du es betrachten magst, mach dir Gedanken über dein ideales Leben.

Notizen

„Das Wort ‚unmöglich' gibt es nur im Wörterbuch von Narren!"

Napoleon

37. Wie diszipliniert bist du?

Wie sehr möchtest du eigentlich die Dinge erreichen, die du dir vorgenommen hast?
Wie groß ist das Verlangen in dir?
Wie groß ist die Bereitschaft, dafür Dinge zu tun, die nicht unbedingt angenehm sein werden?
Oder wie groß ist deine Bereitschaft, auch bestimmte Dinge nicht zu tun, die deinen Zielen in die Quere kommen könnten?
Was bist du bereit, alles aufzugeben?

Denn das ist der entscheidende Unterschied zwischen Menschen, die ihre Ziele erreichen, und denen, die es nicht tun. Deine Disziplin ist dafür verantwortlich. Natürlich ist das nicht so einfach, aber das behauptet auch niemand. Wenn es so leicht wäre, würde jeder seine Ziele kinderleicht erreichen. Allerdings tun das wirklich nur die wenigsten. Das liegt daran, dass diese Menschen nicht bereit sind, wirklich hundert Prozent zu geben.

Doch bist du bereit dazu?
Bist du bereit, mehr als hundert Prozent zu geben?
Wie sehr bist du bereit, das zu tun?
Wie sehr willst du es wirklich?

Lass dieses innere Feuer, das in dir steckt, brennen. Lass es einfach zu. Nimm all diese Energie in dir wahr und nutze sie. Komm in die Handlung! Komm in die Umsetzung! Und vor allem, bleibe am Ball! Das macht den Unterschied aus. Gib also nicht grundlos jede Sache auf.

Notizen

> „Ich konnte nur durch Selbstdisziplin Erfolg in meinem Leben haben,
> und ich habe es angewendet, bis mein Wunsch und mein Wille eins ge-
> worden sind."
>
> **Nikola Tesla**

38. Was macht dein Leben lebenswert?

Was genau macht dein Leben eigentlich lebenswert?
Was sind die Dinge für dich, für die es sich zu leben lohnt?
Was macht dein Leben so einzigartig?

Für jeden gibt es etwas im Leben, das sein Leben ganz besonders macht. Nur ist das leider nicht jedem bewusst. Einige behaupten, dass sie nichts haben und deshalb unglücklich sind. Sie sagen, dass sie sich nichts leisten können, einen Beruf nachgehen, den sie nicht mögen, kaum Zeit für sich selbst haben, ihre Träume nicht verwirklichen können, und so weiter. Wiederum gibt es Menschen, die gefühlt alles im Leben haben und dennoch unglücklich sind. Wie kann das sein? Diese Menschen haben doch alles! Wie kann man unglücklich sein, wenn man sich alles leisten kann und frei ist? Ganz einfach: Weil nicht diese Dinge ihr Leben lebenswerter machen. Sie können dein Leben zwar verbessern, dir gewisse Freiheiten geben und dir für einen kurzen Moment ein Glücksgefühl bereiten, doch dieses Glück wird nur eine gewisse Zeit anhalten und nicht dauerhaft sein.

Was genau sind dann aber die Dinge, die das Leben lebenswerter machen?
Es sind die Dinge, die aus unserem Inneren kommen. Es sind die Wünsche und Träume, die wir haben. Es sind die Erfahrungen, die wir in dieser Welt sammeln. Es sind die Verbindungen, die wir mit anderen Menschen eingehen. Es ist die Aufgabe oder Berufung, der wir nachgehen. Diese Dinge machen unser Leben lebenswert und einzigartig. Die Antworten darauf findest du immer bei dir selbst. Alles, was du tun musst, ist nach innen zu schauen. Höre auf deine innere Stimme, und sie wird dir sagen, was die Dinge sind, die dein Leben lebenswert machen. Es sind nicht die materiellen Güter, die deinem Leben Sinn verleihen und dich glücklich machen. Es werden immer die inneren Werte sein! Zudem erschafft das Innere deine äußere Welt.

Wann genau schaust du also endlich nach innen?

Notizen

„Der höhere Mensch sieht auf den inneren Wert, der gewöhnliche nur auf das Ansehen."

Chinesische Weisheit

Eine so simple und dennoch sehr effektive Frage. Die meisten Menschen denken nicht wirklich tief über diese Frage nach, obwohl sie eine so bedeutsame Rolle im Leben spielt.

Es kommt doch gerade darauf an, dass du glücklich bist, oder nicht? Wollen wir nicht alle ein glückliches und zufriedenes Leben führen? Warum tun wir dann Dinge, die uns größtenteils unglücklich machen? Warum handeln wir nicht nach unserem Glück? Haben wir vielleicht Angst, verletzt zu werden, etwas zu riskieren oder zu verlieren?

Was auch immer es ist, es hindert uns daran, auf unser Glück zuzugehen, und lässt uns oft das Gegenteil tun. Doch damit ist ab heute Schluss! Ab heute fängst du an, auf dein Glück zuzugehen. Lass nicht zu, dass du dich weiterhin davon entfernst! Aber dazu musst du dir zuerst bewusst machen, was dich wirklich glücklich macht. Und dabei sind keine materiellen Dinge gemeint.

Was mach dich glücklich? Welche Momente, Gefühle, Erfahrungen, Tätigkeiten, Menschen und so weiter sind dafür verantwortlich? Setz dich in Ruhe hin und schreibe alles auf, was dir einfällt! Lasse das Glück in deinem Leben zu!

Notizen

_____

_____

_____

_____

_____

_____

_____

_____

_____

_____

_____

_____

_____

_____

> „Menschliches Glück stammt nicht so sehr aus großen Glücksfällen, die sich selten ereignen, als vielmehr aus kleinen glücklichen Umständen, die jeden Tag vorkommen."
>
> **Benjamin Franklin**

40. Bist du glücklich?

Das ist eine der Fragen, die wir uns im Leben wirklich mehrmals stellen sollten. Dennoch stellen sich nicht alle Menschen diese Frage oder beantworten sie mit hundertprozentiger Ehrlichkeit. Viele Menschen behaupten, sie seien glücklich, obwohl das nicht ganz der Wahrheit entspricht. Sie machen sich etwas vor und belügen sich selbst. Eigentlich gibt es bestimmte Dinge, die ihnen im Leben fehlen, oder die sie noch gerne erleben würden. Doch sie geben sich mit ihrer aktuellen Situation zufrieden und verwerfen somit die Dinge, die sie wirklich anstreben würden – die Dinge, die sie im Inneren mit Glück erfüllen würden. Stattdessen suchen sie ihr Glück im Äußeren. Es ist einfacher, eine schnelle Befriedigung zu finden und dadurch ein Gefühl von Erfüllung zu erleben – zum Beispiel durch den Kauf von neuen materiellen Dingen. Doch dieses Gefühl wird nicht von Dauer sein, es wird schnell wieder vergehen.

Schwieriger ist es, sich mit sich selbst auseinanderzusetzen und das Glück im Inneren zu suchen – das Glück, dass du jederzeit aktivieren kannst. Du kannst dich jederzeit dazu entscheiden, glücklich zu sein. Du brauchst nicht erst bestimmte Dinge zu erreichen, und schon gar nicht materielle Werte, um glücklich zu werden. Es liegt ganz allein in deiner Verantwortung, glücklich zu sein. Nur im Inneren wirst du dauerhaftes Glück finden. Nirgendwo anders.

Oder hat dich schon einmal etwas im Äußeren wirklich dauerhaft glücklich gemacht? Ganz egal, ob es sich um ein neues Handy, neue Klamotten, ein neues Auto oder etwas anderes handelt. Haben diese Dinge dich dauerhaft glücklich gemacht? Ich denke eher nicht.

Wir kennen dieses Gefühl nur zu gut: Man will sich den nächsten Schub an Glück schenken und sucht verzweifelt immer weiter in der äußeren Welt nach dem nächsten „Kick". Und so werden wir ewig weitersuchen und nie das Glück finden, das uns eigentlich zusteht. Es sei denn... wir fangen endlich an, an uns selbst zu arbeiten. Nichts anderes brauchst du tun.

Also, bist du gerade glücklich?
Und wenn nein, warum bist du es noch nicht?

Notizen

„Es gibt keinen Weg zum Glück. Glücklichsein ist der Weg."

Buddha

41. Wofür bist du dankbar?

Der Großteil der Menschen macht sich viel zu wenig Gedanken darüber, wofür sie dankbar sein können. Dabei entfaltet sich eine enorme Kraft, wenn du echte Dankbarkeit empfindest. Indem du dich auf Dankbarkeit fokussierst, wirst du deutlich glücklicher sein als zuvor. Genau aus diesem Grund sollten wir uns mehr auf das konzentrieren, wofür wir dankbar sind. Und es spielt keine Rolle, für was du dankbar bist – es können sowohl große Ereignisse als auch die kleinen alltäglichen Dinge sein. Oft halten wir bestimmte Dinge für selbstverständlich, obwohl sie es in Wirklichkeit nicht sind. Es ist zum Beispiel nicht selbstverständlich, dass wir jeden Tag genug zu essen haben; dass wir ein Dach über dem Kopf haben und sicher in einem Bett schlafen können; dass alle unsere Sinne funktionieren und wir gesund sind; dass wir einen weiteren Tag erleben dürfen und mehr Lebenszeit geschenkt bekommen; dass wir in Sicherheit leben und eine Familie um uns haben, die uns unterstützt...

Es gibt so viele Bereiche, für die wir dankbar sein können und auch dankbar sein sollten. Doch statt uns auf das zu konzentrieren, was wir bereits haben, streben wir häufig nach Dingen, die wir noch nicht erreicht haben: den neuen Job, den wir noch nicht ausüben, das neue Auto, das wir noch nicht besitzen, oder auch die Rente, die noch nicht eingetreten ist. Zu oft fokussieren wir uns auf diese Dinge und glauben, dass wir erst dann glücklich sein werden. Doch wahres Glück ist eine Entscheidung, die immer bei dir im Inneren beginnt!
Deshalb ist es so wichtig, tiefe Dankbarkeit zu empfinden. Sobald wir beginnen, uns auf die Dinge zu konzentrieren, für die wir dankbar sind, kommen wir dem wahren inneren Glück näher.

Die Frage, die sich nun stellt, lautet: Wofür bist du dankbar?
Für welche Dinge kannst du alles dankbar sein?
Schreib sie auf und mache dir immer wieder bewusst, wie viel du schon hast und wie viel Gutes bereits in deinem Leben ist.

Notizen

_____

_____

_____

_____

_____

_____

_____

_____

_____

_____

_____

_____

_____

_____

_____

> *„Nicht die Glücklichen sind dankbar. Es sind die Dankbaren, die glücklich sind."*
>
> **Francis Bacon**

42. Wie betrachtest du deine bisherigen Fortschritte im Leben?

Hast du dir schon einmal bewusst gemacht, welche Fortschritte du in deinem Leben bereits gemacht hast?
Hast du dir jemals wirklich Gedanken darüber gemacht?

Oft übersehen wir die Dinge, die wir bereits erreicht haben.
All die Hindernisse, die wir mit Bravour überwunden haben.
All die Herausforderungen, die wir erfolgreich gemeistert haben.
All die Schicksalsschläge, die wir bewältigt haben.
All die Gräueltaten, die wir überstanden haben.
All die Probleme, die wir gelöst haben.
All die Kämpfe, die wir bestritten haben.
All die Lektionen, die wir gelernt haben...

Es gibt unzählige Dinge, die du bereits gemeistert hast, um zu der Person zu werden, die du heute bist. Und es werden noch viele weitere Herausforderungen auf dich zukommen, die nicht immer angenehm sein werden. Du wirst Momente erleben, die dich testen und auf ein neues Level bringen sollen. Momente, die notwendig sind für deine persönliche Entwicklung. Und es spielt dabei keine Rolle, ob du dich dem Lebensende näherst, mitten im Leben stehst oder gerade erst am Anfang bist. Das Alter ist hier unwichtig. Jeder kann jederzeit solchen Momenten begegnen. Lernen ist ein stetiger Prozess! Aber heute wollen wir uns nicht mit dem beschäftigen, was noch vor dir liegt, sondern mit dem, was du bereits hinter dir gelassen hast.

Also, was hast du schon alles gemeistert?
Welche Fortschritte hast du in deinem Leben bereits gemacht?
Und vor allem: Wie stolz bist du darauf? Denn das kannst du sein!

Du kannst dir selbst auf die Schulter klopfen für alles, was du bereits überwunden hast. Auch wenn du vielleicht denkst, dass es nichts Besonderes war oder du nur "Glück" hattest, dass du es geschafft hast, frage dich, ob das wirklich der Wahrheit entspricht. Machst du dich hier vielleicht nur kleiner, als du wirklich bist? Oft tun wir genau das und reden alles, was wir erreicht haben, klein. Wir vergleichen uns mit anderen, die scheinbar mehr erreicht haben, und denken, wir seien nur "Durchschnitt". Ich bitte dich, damit aufzuhören! Erkenne deinen wahren Wert und deine Fortschritte an!

Notizen

43. Gibt es Ereignisse/Erlebnisse in deinem Leben, die du bis heute noch nicht verarbeitet hast?

Bei dieser Frage fühlt sich wohl jeder von uns angesprochen. Denn wir alle haben entweder Ereignisse erlebt, die wir noch nicht richtig verarbeitet haben, oder wir tragen immer noch Erfahrungen mit uns herum, die wir längst hätten loslassen können. Diese Ereignisse können uns bewusst oder auch unbewusst beeinflussen. Es gibt Menschen, die solche Erlebnisse aus ihrer Vergangenheit als Ausrede benutzen, um ihr Verhalten zu rechtfertigen. Sie sagen dann Dinge wie: „Ich bin halt so, wie ich bin, wegen meiner Vergangenheit." Kennst du solche Menschen?

Und dann gibt es auch diejenigen, die gar nicht wissen, oder sich nicht daran erinnern, dass tief in ihrem Inneren noch etwas schlummert, was sie wirklich belastet. Ein Erlebnis, eine Erfahrung oder ein Ereignis, das sie nie richtig verarbeitet haben – sei es, weil sie sich davor fürchten, oder weil sie es verdrängt haben.

Es kann verschiedene Gründe dafür geben:

- Sie fürchten sich vor den Gefühlen, die bei der Auseinandersetzung mit der Vergangenheit hochkommen würden.
- Sie haben das Erlebnis so weit verdrängt, dass es nicht mehr bewusst in ihrem Gedächtnis ist.
- Sie können sich nicht mehr mit der Art und Weise rechtfertigen, wie sie sich aufgrund ihrer Erlebnisse verhalten, und würden sich selbst belügen, wenn sie sich mit der Wahrheit konfrontieren.
- Oder sie glauben, dass es nicht so wichtig ist, sich damit zu beschäftigen, und nehmen sich einfach nicht die Zeit dafür.

Dabei ist es entscheidend, sich mit diesen Erlebnissen auseinanderzusetzen. Andernfalls können sie immer wieder unbewusst aktiviert werden und dein Verhalten und deine Gefühle beeinflussen. Ein „Triggerpunkt" in deinem Leben kann dazu führen, dass dein Unterbewusstsein an dieses eine Erlebnis erinnert wird, und du wieder in die Gefühlslage zurückversetzt wirst, die du damals erlebt hast. Beispielsweise hast du vielleicht als Kind in der Schulklasse eine Präsentation gehalten und wurdest ausgelacht. Das Gefühl von Angst, Unsicherheit oder einem geschwächten Selbstwertgefühl könnte sich tief in dir festgesetzt haben. Und jedes Mal, wenn du später vor einer Gruppe sprechen oder mit fremden Menschen reden musst, kommen diese alten Gefühle wieder hoch – du spürst Nervosität, Anspannung und fragst dich, ob du erneut ausgelacht wirst.

Merkst du, wie stark unverarbeitete Erlebnisse unser heutiges Leben und Handeln beeinflussen können? Ich hoffe, ich konnte dir klar machen, wie sehr solche Erlebnisse eine Kraft in uns entwickeln, die oft unbewusst unser Verhalten lenkt. Nun kommt die entscheidende Frage: Hast du selbst Ereignisse in deinem Leben, die du noch nicht richtig verarbeitet hast? Gibt es etwas, das dich immer noch beschäftigt – bewusst oder unbewusst? Nimm dir die Zeit, tief in dich hinein zu spüren und diese Erfahrungen zu erforschen. Nur so kannst du dir selbst die Freiheit schenken, von der Vergangenheit loszulassen und in der Gegenwart wirklich frei zu leben.

Notizen

_____

_____

_____

_____

_____

_____

_____

_____

_____

_____

_____

_____

_____

_____

_____

_____

„Jeder Tag ist ein neuer Anfang."

Ralph Waldo Emerson

Angst ist eine der größten Hürden, die uns daran hindern, mit bestimmten Dingen zu beginnen oder Veränderungen anzunehmen. Sie lähmt uns und hält uns davon ab, das zu tun, was wir wirklich wollen. Jeder von uns trägt Ängste in sich. Früher waren Ängste überlebensnotwendig – sie halfen uns, in gefährlichen Zeiten zu überleben. Doch heute, in einer Welt, in der die meisten existenziellen Bedrohungen nicht mehr direkt auf uns einwirken, sind diese Instinkte immer noch in uns verankert. Wir projizieren sie jedoch auf Situationen, die nichts mit echter Gefahr zu tun haben.

Es gibt viele Arten von Ängsten. Vielleicht hast du Angst vor Verlust, vor Veränderungen, vor bestimmten Gefühlen oder auch vor Nähe zu anderen. Manchmal fürchten wir uns auch vor bestimmten Dingen oder Personen, wie Tieren (z.B. Spinnen oder Schlangen) oder Menschen (z.B. Eltern, Schwiegereltern, Partner, Lehrer).

Doch was steckt eigentlich hinter diesen Ängsten?
Warum haben wir Angst?
Und ist Angst immer etwas Schlechtes?
Angst ist im Wesentlichen ein Produkt unseres Verstandes – eine Reaktion auf bestimmte Gedanken, die wir in Bezug auf mögliche Ereignisse haben. Sie ist ein Gefühl, das durch unsere Gedanken ausgelöst wird.

Bedeutet: **Angst = Resultat deiner Gedanken**

Ohne unseren Verstand – also ohne das bewusste Nachdenken und Bewerten von Situationen – gäbe es keine Angst. Aber Angst ist nicht grundsätzlich schlecht. Sie kann uns sogar in vielen Fällen schützen. Ein gutes Beispiel ist die Angst, die uns davon abhält, vom Dach eines Wolkenkratzers zu springen. Unser Verstand sagt uns, dass das gefährlich wäre, und die Angst schützt uns davor, unüberlegt zu handeln. Ebenso wissen wir, dass es nicht sinnvoll wäre, mit 100 km/h gegen eine Wand zu fahren, weil unser Verstand uns vor den möglichen Konsequenzen warnt. Diese Art von Angst ist überlebenswichtig und schützend.
Aber was passiert, wenn wir uns übermäßig von Ängsten leiten lassen, die uns nicht wirklich schützen, sondern uns nur hindern? Wenn wir zum Beispiel Angst haben, unsere ehrliche Meinung zu äußern, aus Angst vor Konflikten? Oder wenn wir Veränderungen vermeiden, weil

wir Angst haben, einen Teil unseres alten Lebens aufzugeben? Diese Ängste hindern uns daran, unser volles Potenzial zu entfalten und das Leben zu leben, das wirklich mit unserem wahren Selbst übereinstimmt.

Die Frage ist also: Vor was hast du Angst?
Welche Ängste empfindest du als sinnvoll und schützend?
Welche Ängste siehst du als Blockaden, die dich daran hindern, das Leben zu führen, dass du dir wünschst?
Was lösen diese Ängste in dir aus, und warum?
Welche Ängste hindern dich daran, mit bestimmten Dingen zu beginnen, oder Veränderungen zuzulassen?

Nimm dir Zeit, um tief in dich hineinzufühlen und herauszufinden, welche Ängste du in dir trägst. Schreib sie auf und mach sie für dich sichtbar. Nur so kannst du lernen, sie zu verstehen und gegebenenfalls loszulassen.

Notizen

> „Angst ist ein Lügner, der uns kleinreden will."
>
> **Albert Einstein**

Manchmal gibt es Momente, in denen wir Schritte unternehmen müssen, zu denen wir uns vielleicht nicht wirklich bereit fühlen, aber die trotzdem notwendig sind. Ganz gleich, wie sehr wir uns davor fürchten oder wie groß die Angst in uns ist – diese Schritte sind entscheidend. Sie helfen uns, aus unserer Komfortzone herauszutreten. Und genau das ist es, was uns wachsen, lernen und uns weiterentwickeln lässt.

Innerhalb der Komfortzone ist es bequem und sicher. Wir sind daran gewöhnt, dort zu bleiben, weil es uns bekannt und vertraut ist. Doch wenn wir immer nur in diesem vertrauten Bereich bleiben, werden wir niemals über uns hinauswachsen. Wir verharren auf dem gleichen Level und stellen uns keine größeren Herausforderungen, weil wir niemals die Gelegenheit dazu bekommen – oder uns diese Chancen nicht schaffen. Wenn dann irgendwann eine größere Herausforderung auf uns wartet, erscheint sie uns fast unmöglich zu bewältigen. Wir sind es ja nicht gewohnt, uns dieser Art von Herausforderung zu stellen.

Aber sobald wir regelmäßig bewusst aus unserer Komfortzone heraustreten, werden diese Herausforderungen mit der Zeit immer leichter. Auch Dinge, die uns anfangs schwerfallen, werden mit jeder Wiederholung einfacher. Ein gutes Beispiel ist, wenn du das erste Mal vor Publikum sprichst. Beim ersten Mal könnte dir die Nervosität fast den Atem nehmen, und vielleicht hast du Angst. Doch mit jedem weiteren Mal wird es dir leichter fallen, weil du dich daran gewöhnst und somit deine Komfortzone Stück für Stück erweiterst.

Deshalb möchte ich dich fragen: Wie oft trittst du aus deiner Komfortzone heraus?
Wann hast du das letzte Mal etwas getan, das außerhalb deiner Komfortzone lag?
Was könntest du demnächst tun, das dich aus deiner Komfortzone herausholt?
Was war bisher der größte Schritt, den du aus deiner Komfortzone gemacht hast?

Notizen

46. Bist du jemand der seine Emotionen zulässt, oder sie eher unterdrückt?

Einer der häufigsten Fehler, die Menschen machen, ist, ihre Gefühle zu unterdrücken. Unsere Gefühle sind ein wesentlicher Teil von uns, sie sind dazu da, um gefühlt und zugelassen zu werden – nicht dafür, um sie in uns einzusperren. Natürlich bedeutet das nicht, dass du deiner Wut oder Frustration blind und ungezügelt freien Lauf lassen sollst, sodass du anderen Menschen Schaden zufügst, sei es emotional oder sogar körperlich. Es geht vielmehr darum, deine Gefühle zu akzeptieren und sie zu spüren, ohne sie zu verdrängen.

Wenn du deine Gefühle unterdrückst, werden sie sich irgendwann aufstauen. Und in der Zukunft reicht manchmal eine Kleinigkeit, um das „Fass zum Überlaufen" zu bringen. Du willst nicht, dass es so weit kommt. Erinnerst du dich noch, wie du als Kind deine Gefühle einfach rausgelassen hast?

Damals hast du geweint, wenn du Schmerzen hattest.

Du hast vor Freude gestrahlt, wenn dich etwas glücklich gemacht hat.

Du hast deine Meinung laut ausgesprochen und warst ehrlich in deinen Gefühlen.

Wann haben wir als Erwachsene damit aufgehört?

Sind wir tatsächlich anders geworden, oder haben wir einfach verlernt, zu fühlen? Haben wir unsere Fähigkeit, uns zu zeigen und unsere Gefühle zu leben, abgestumpft?

Warum haben wir das verlernt?

Ist es als Erwachsener nicht mehr erlaubt, diese intensiven Gefühle zu haben?

Ist es z.B. peinlich zu weinen?

Was ist es, was du dir selbst erzählst, warum du diese Gefühle nicht ausdrücken darfst?

Es ist ungesund, seine Gefühle ständig zu unterdrücken. Sie stapeln sich nur, und irgendwann suchen sie sich einen Weg nach draußen. Aber anstatt, dass du dich von deinen Gefühlen überwältigen lässt, solltest du lernen, ihnen Raum zu geben. Wenn du deine Gefühle erkennst und ihnen erlaubst, zu existieren, wirst du dich von den Sorgen befreien, die dich belasten. Du wirst glücklicher und freier sein, als du es dir jetzt vielleicht vorstellen kannst.

Deshalb frage ich dich: Wann hast du das letzte Mal wirklich gefühlt?

Wann hast du dir erlaubt, deine Emotionen einfach zu leben, ohne sie zu verstecken?

Gib deinen Gefühlen die Aufmerksamkeit, die sie verdienen. Sie sind ein Teil von dir, und nur durch das Zulassen wirst du dich vollständig befreien können.

Notizen

> „Ich will nicht meinen Gefühlen ausgeliefert sein. Ich möchte sie benutzen, sie genießen und sie beherrschen."
>
> **Oscar Wilde**

47. Welche Stimme schenkst du mehr Beachtung? Kopf oder Herz?

In uns gibt es zwei verschiedene Stimmen, die uns lenken: Die Stimme des Herzens und die Stimme des Verstandes. Kennst du das Gefühl, wenn dein Herz dir sagt, was du tun oder lassen sollst, und du tief im Inneren spürst, dass es richtig ist? Doch plötzlich meldet sich dein Verstand und überlagert diese Intuition. Dein Verstand beginnt, dir Gedanken zuzusprechen wie:

- *„Das ist zu riskant."*
- *„Das schaffst du nicht."*
- *„Das willst du doch eigentlich gar nicht."*
- *„Das ist viel zu anstrengend."*

Und wie so oft entscheiden wir uns dann, auf den Verstand zu hören, anstatt dem Herzen zu vertrauen. Doch genau das ist der falsche Ansatz! Auch wenn es uns vielleicht noch so perplex erscheint, der Weg des Herzens ist der richtige. Dein Herz weiß, was für dich das Beste ist.

Natürlich sollten wir nicht alles ignorieren, was uns der Verstand mitteilt. Er hat in vielen Momenten gute und hilfreiche Gedanken, die uns warnen oder uns zur Vorsicht mahnen. Doch was wir oft tun, ist, dem Verstand mehr Macht zu geben, als er tatsächlich braucht. Der Verstand sorgt sich um unsere Sicherheit, aber er kann uns auch in die Falle führen, wenn wir zu sehr auf seine Ängste und Sorgen hören. Du brauchst diese Art von extremem Sicherheitsdenken nicht! Und oft werden die Katastrophenszenarien, die sich der Verstand ausmalt, nie eintreten.

Hinterfrage dich selbst: Ist der Gedanke deines Verstandes wirklich berechtigt, oder ist es nur die Angst vor dem Unbekannten, die sich da regt?

Was davon ist wirklich wahr?

Warum jedoch tun wir oft genau das Gegenteil, und hören nicht auf unser Herz? Vielleicht liegt es daran, dass wir es gewohnt sind, alles mit unserer Logik und Vernunft zu erklären. Wir stellen die Logik über das Vertrauen. Aber hier ist der Unterschied: Wir sind die einzige Lebensform auf dieser Welt, die einen Verstand besitzt. Tiere hinterfragen nicht, sie handeln einfach. Wenn sie sich bedroht fühlen, reagieren sie instinktiv – ohne Zweifel und ohne Zögern. Sie folgen einfach ihrem Herzen und ihrem Instinkt.

Verstehst du, worauf ich hinausmöchte? Wir sollten wieder mehr auf unser Herz hören. Unser Herz besitzt eine enorme, fast unermessliche Kraft – eine Kraft, die viel größer ist als die des Verstandes. Warum sollten wir diese Kraft nicht für uns nutzen, anstatt sie ständig zu ignorieren? Es ist nicht einfach, dem Herzen zu vertrauen, besonders wenn der Verstand immer wieder dagegen ankämpft. Doch lass ihn reden! Du musst dem Verstand nicht zuhören. Schenke deine Aufmerksamkeit deinem Herzen. Dein Herz wird dich auf den richtigen Weg führen – auch wenn du nicht immer eine Erklärung dafür bekommst. Du wirst es nie mit deinem Verstand begreifen können. Aber das brauchst du auch nicht. Dein Glaube daran reicht vollkommen aus. Vertraue einfach! Das ist alles, was du tun brauchst.

Notizen

_____

_____

_____

_____

_____

_____

_____

_____

_____

_____

_____

_____

_____

_____

_____

_____

_____

> *„Das Schwierigste am Leben ist es, Herz und Kopf dazu zu bringen, zusammenzuarbeiten. In meinem Fall verkehren sie noch nicht einmal auf freundschaftlicher Basis."*
>
> **Woody Allen**

Wie sehr kann man eigentlich deinen Worten Glauben schenken?
Stehst du zu dem, was du sagst?
Hältst du dich an das, was du dir und anderen versprichst?
Oder sind es nur leere Versprechungen?
Lässt du Taten auf deine Worte, und Resultate auf deine Taten folgen?
Wie fühlt es sich für dich an, wenn du etwas nicht einhältst, was du versprochen hast?
Wie geht es dir dabei, wenn du dich selbst oder andere hintergehst?

Es ist nicht selten, dass Menschen ihr Wort geben, aber es später nicht einhalten. Manchmal wussten sie von Anfang an, dass sie es nicht schaffen werden, doch sie machen anderen und sich selbst etwas vor. Aber warum ist das so? Warum sind wir nicht von Anfang an ehrlich?
Es gibt viele Gründe, warum Menschen in dieser Weise handeln, aber häufig hängt es mit dem Ego zusammen. Vielleicht wollen sie ihr Ego stärken und anderen beweisen, was sie alles können. Oder sie wollen sich nicht eingestehen, dass sie etwas nicht so gut können, wie sie es sich vorstellen. Dabei ist es jedoch kein Problem, seine eigenen Schwächen anzuerkennen – jeder hat seine individuellen Stärken und Schwächen. Wichtig ist, dass du dir nicht etwas vorgibst und nichts versprichst, was du nicht einhalten kannst. Ehrlichkeit ist entscheidend, besonders dir selbst gegenüber! Sei also achtsam mit den Worten, die du zu anderen und zu dir selbst sagst. Denn einmal ausgesprochen, kannst du sie nicht mehr zurücknehmen. Worte haben eine enorme Macht, also sei weise im Umgang mit ihnen!

Wie betrachtest du also deine eigene Glaubwürdigkeit?
Würdest du dich selbst als einen ehrlichen Mensch bezeichnen?
Wenn du dein Umfeld fragst, wie glaubwürdig und ehrlich du bist, was würden sie antworten?
Wie sehr wünschst du dir, das andere Menschen ehrlich zu dir sind?
Kann es sein, dass du selbst nicht immer ehrlich bist und genau das zurückbekommst, was du aussendest?
Was ist deine Meinung dazu?

Notizen

_____

_____

_____

_____

_____

_____

_____

_____

_____

_____

_____

_____

_____

_____

_____

_____

_____

_____

> „Unsere Glaubwürdigkeit steht und fällt mit der Übereinstimmung unserer Gedanken, Worte und Werke."
>
> **Ernst Ferstl**

Jeder Mensch hat in seinem Leben mehr oder weniger einen Feind – und dieser Feind ist in uns selbst: unser Ego. Allerdings soll nun nicht das Gefühl auftauchen, dass jeder einen Kampf zu bestreiten hat. Das Ego sollte eher als etwas neutrales betrachtet werden. Doch es ist häufig unser Ego, das uns dazu bringt, Dinge zu tun, die wir eigentlich nicht wollen oder nicht sollten, oder uns davon abhält, das zu tun, was wir eigentlich tun sollten. Unser Ego macht uns kleiner, als wir wirklich sind. Es ist nicht wirklich unser Freund und handelt oft nicht in unserem besten Interesse. Aus diesem Grund sollten wir lernen, weniger auf unser Ego zu hören und ihm nicht die volle Kontrolle über unser Leben zu überlassen. Stattdessen sollten wir das Steuer selbst in die Hand nehmen und selbst über unser Leben entscheiden.

Jedoch wird dein Ego alles daransetzen, dich machtlos zu halten. Es fühlt sich in seinem Stolz verletzt und wird sich immer wieder bemerkbar machen. Aber du darfst erkennen, dass du nicht das bist, was dein Ego dir einredet. Du bist auch nicht so wichtig, wie dein Ego es dir glauben machen will.

Versteh mich nicht falsch – du bist natürlich wichtig, aber du bist nicht so zentral, wie dein Ego dich glauben lässt.

Kennst du solche Situationen, in denen du dachtest, dass andere Menschen über dich urteilen – dass sie sich über dich oder eine deiner Situationen lustig machen, dein Aussehen oder Outfit kritisieren, oder dich für merkwürdig halten? Doch in Wahrheit haben sie vielleicht überhaupt nicht auf dich geachtet oder sich überhaupt nicht für dich interessiert. Du hast dir ein Bild gemacht, das gar nicht der Realität entspricht. Das ist genau das, was ich meine, wenn ich von der „Wichtigkeit" rede: In der großen Welt dreht sich nicht alles nur um uns. Wenn man die gesamte Geschichte der Erde betrachtet, dann sind wir in diesem gigantischen Zeitraum nur ein Wimpernschlag. Natürlich können wir durch unsere Taten etwas bewirken und uns einen Namen machen. Doch dies sollte nicht aus einem egozentrischen Drang geschehen, sondern vielmehr aus echter Liebe und Leidenschaft für das, was wir tun.

Verstehst du, was ich dir damit sagen möchte?
Erkennst du, wie dein Ego versucht, dich zu täuschen und zu manipulieren?
Sei achtsam und nehme die Präsenz deines Egos wahr.

Frage dich immer, ob das gerade wirklich du bist, oder dein eigenes Ego.

Wie stark ist dein Ego wirklich?

In welchen Momenten macht es sich bei dir bemerkbar?

Notizen

> „Jeder Mensch muss entscheiden, ob er sich im Licht des schöpferischen Altruismus oder in der Dunkelheit der zerstörerischen Egoismus bewegen will."
>
> **Martin Luther King**

50. Wie gehst du mit Kritik um?

Wir alle sind nicht perfekt. Jeder von uns trägt Geheimnisse in sich, die wir nicht unbedingt der Öffentlichkeit preisgeben möchten. Wir alle haben unsere ganz eigenen Wege, mit Dingen umzugehen, die für den einen mehr, für den anderen weniger ansprechend sind. Und das ist auch vollkommen in Ordnung! Denn wie langweilig wäre es, wenn wir alle gleich wären? Es gäbe nichts Spannendes mehr zu bereden, und wir wüssten jederzeit, wie unser Gegenüber denkt.

Genau aus diesem Grund sind Diskussionen und Kritik so wichtig. Sie helfen uns, unsere Meinungen, Glaubenssätze und Gewohnheiten zu hinterfragen. Denn unsere Sichtweise ist nicht immer die einzig wahre oder richtige. Es kann durchaus sein, dass wir ab und zu „falsch" liegen oder dass es mehrere „richtige" Perspektiven gibt. Wir alle sind Menschen mit unterschiedlichen Wahrnehmungen und Ansichten. Oftmals nehmen wir an, dass unsere Sicht, die einzig richtige ist und alle anderen falsch.
Aber könnte es nicht auch sein, dass andere Perspektiven genauso wahr sind wie unsere? Ist wirklich immer nur unsere eigene Sicht die richtige?

Nehmen wir als Beispiel an, dass vor dir die Zahl 9 liegt und jemand anderes auf der anderen Seite steht und behauptet, es sei eine 6. Wer von euch hat nun recht? Keiner von euch liegt falsch. Es kommt einfach auf die Perspektive an, aus der man die Zahl betrachtet. Beide liegen aus ihrer Sicht richtig.
Genau aus diesem Grund ist es so wichtig, sowohl unsere eigene Kritik als auch die der anderen zu hinterfragen. Du entscheidest, was du annehmen möchtest und was nicht. Du allein hast die Kontrolle darüber, wie du auf Kritik reagierst. Denn Kritik wird ein unvermeidlicher Teil deines Lebens sein. Sobald du deine Meinung äußerst, bestimmte Dinge tust oder einfach so bist, wie du bist, wirst du auf Menschen stoßen, die daran etwas auszusetzen haben.

Frage dich also: Wie gehst du mit Kritik um?
Reagierst du ruhig und gelassen, oder fühlst du dich eher angegriffen und verletzt?
Bist du jemand, der Kritik eher vermeidet?
Vergiss nicht: Du hast jederzeit das Zepter in der Hand!

Notizen

_____

_____

_____

_____

_____

_____

_____

_____

_____

_____

_____

_____

_____

_____

_____

_____

_____

_____

> „Es gibt nur einen Weg, um Kritik zu vermeiden: Nichts tun, nichts sagen, nichts sein."
>
> **Aristoteles**

Wurdest du schon einmal im Leben enttäuscht?
Und wenn ja, wie genau bist du dann damit umgegangen?
Denkst du vielleicht noch manchmal über diese Enttäuschungen nach,
oder hast du sie noch nicht vollständig verarbeitet?

Zu oft machen wir uns Gedanken darüber, wie wir bestimmte Situationen hätten vermeiden können, um den darauffolgenden Schmerz zu verhindern.
Aber was bringt es, länger darüber nachzudenken?
Diese Ereignisse sind bereits geschehen und können nicht mehr rückgängig gemacht werden.
Sollten wir nicht vielmehr versuchen, diese Dinge hinter uns zu lassen und sie so zu akzeptieren, wie sie geschehen sind?
Sollten wir nicht endlich mit ihnen abschließen?

Natürlich sollten wir das! Letztlich bleibt uns nicht viel anderes übrig – andernfalls schaden wir nur uns selbst. Stattdessen sollten wir uns darauf konzentrieren, was wir aus diesen Erfahrungen lernen konnten. Das verändert die Perspektive auf unsere Situationen.
Wenn wir uns das Wort „Enttäuschung" einmal genauer ansehen, erkennen wir, dass es aus zwei Wörtern besteht: „Ende" und „Täuschung". Es bedeutet also, dass es das Ende einer Täuschung ist. Das sollten wir zu verstehen beginnen. Du wurdest getäuscht, aber diese Täuschung ist nun vorbei. Wir können uns sogar glücklich schätzen, endlich Klarheit zu bekommen und das Ende dieser Täuschung zu erleben.

Kannst du das nachvollziehen?
Spürst du, wie diese Sichtweise eine ganz andere Wirkung hat?
Wir sind immer selbst dafür verantwortlich, wie wir mit den Situationen in unserem Leben umgehen.
Wie gehst du also mit Enttäuschungen um?
Was hast du aus deinen Enttäuschungen gelernt?
Wie wirst du in Zukunft mit Enttäuschungen umgehen?
Wie wirst du Enttäuschungen künftig betrachten?

Notizen

„Man ist nicht enttäuscht von dem, was ein anderer tut (oder nicht tut), sondern nur über die eigene Erwartung an den anderen."

Mark Twain

52. Wie oft bewertest du etwas in deinem Leben?

Viel zu oft neigen wir dazu, Dinge in unserem Leben zu bewerten. Egal, ob es sich dabei um Situationen, Gespräche, Menschen oder andere Dinge handelt. Ein Beispiel ist, wenn wir einen neuen Menschen kennenlernen und dabei mit bestimmten Vorurteilen in die Begegnung gehen. Wir bewerten diesen Menschen anhand seines Aussehens, seines Auftretens, seiner Stimme oder anderer Merkmale. In einigen Fällen mag das vielleicht ein wenig zutreffen, aber zu oft machen wir uns zu schnell ein Urteil über diese Person. Wir glauben zu wissen, wie dieser Mensch „tickt" und wie er innerlich ist. Und dann sind wir oft überrascht, wenn er ganz anders ist, als wir gedacht haben. Doch nicht nur in solchen Situationen neigen wir zur Bewertung, sondern in vielen anderen Bereichen auch.

Wir bewerten unsere Gedanken, ob sie positiv oder weniger positiv sind.

Wir bewerten die Gespräche, die wir führen – ob sie gut verlaufen sind oder nicht.

Wir bewerten unsere eigenen Erfolge oder die von anderen – ob sie verdient sind oder nicht.

Doch ist es wirklich sinnvoll, alles zu bewerten?

Müssen wir wirklich zu allem unsere Bewertung abgeben?

Haben wir überhaupt das Recht, alles zu bewerten?

Oder sollten wir nicht lieber die Dinge so annehmen, wie sie sind?

Wäre es möglich für dich, Bewertungen außen vor zu lassen?

Natürlich ist es möglich. Wir müssen nicht alles in unserem Leben bewerten, und wir sollten es auch nicht. Lass dich stattdessen vom Leben überraschen. Nimm die Dinge an, wie sie sind. Nimm die Menschen so an, wie sie sind. Lass Situationen einfach geschehen, wie sie kommen. Lass Gedanken an dir vorbeiziehen, ohne sie zu bewerten. Akzeptiere das Leben so, wie es ist. Denn genau so, wie es ist, ist es gut. Alles hat einen Sinn, genauso zu sein, wie es ist. Erinnere dich immer daran, dass nichts in diesem Leben wirklich eine Bewertung von dir braucht. Es liegt in deiner freien Wahl, was du bewertest.

Notizen

_____

_____

_____

_____

_____

_____

_____

_____

_____

_____

_____

_____

_____

_____

_____

_____

_____

_____

„Und die Weisen sagen: Beurteile niemand, bis du an seiner Stelle gestanden hast."

Johann Wolfgang von Goethe

53. Wie stehst du zum Thema loslassen?

Wir alle tragen einen Rucksack im Leben mit uns – den Rucksack unseres Lebens.
Bei manchen ist dieser Rucksack schwerer als bei anderen. Der eine trägt eine größere Last, der andere weniger. Doch je mehr wir mit uns herumtragen, desto schwieriger wird der Weg im Leben. Unsere Reise wird beschwerlicher, und wir verlieren immer mehr Energie. Deshalb sollten wir lernen, loszulassen. Wenn du dich krampfhaft an etwas festhältst, hast du keine Hand mehr frei, um Neues zu empfangen. Lass los, damit du wieder beide Hände frei hast und Platz für Neues schaffen kannst. Nur so kannst du inneren Frieden finden. Belaste dich und deine Seele nicht länger mit alten Wunden aus der Vergangenheit. Was passiert ist, ist geschehen. Du kannst noch so viel darüber nachdenken, doch ändern lässt sich nichts mehr. Es ist bereits vorbei. Akzeptiere es als Teil deiner Geschichte. Akzeptiere, dass es so passieren sollte, damit du heute der Mensch bist, der du bist. Die Gegenwart jedoch hast du vollständig in der Hand. Doch um deine jetzige Situation zu gestalten, musst du die Last der Vergangenheit loslassen. Du musst dich auf dein heutiges Ich und Leben fokussieren. Vielleicht wurde dir Unrecht getan, und du hast eine Zeitlang damit gekämpft.

Aber was bringt es dir, dich heute noch mit diesen Themen zu beschäftigen? Welchen Nutzen ziehst du daraus?
Ist es eventuell nur eine alte Last, von der du dich noch nicht befreit hast?
Verwendest du es womöglich als Ausrede und möchtest deshalb nicht loslassen? Warum hältst du daran fest?

Versuche, alles aus einer anderen Perspektive zu betrachten. Sieh diese Themen mit anderen Augen und versuche, das Positive daraus zu ziehen. Diese Erfahrungen haben dich zu dem Menschen gemacht, der du heute bist. Ohne sie würde dir ein Stück deiner Persönlichkeit fehlen. Wenn du also an diese Themen denkst, dann ziehe das Positive daraus!

Was hast du durch diese Erfahrungen gelernt?
Welche Erkenntnisse hast du gewonnen?
Hast du diese Erfahrung vielleicht sogar gebraucht?
Wie haben sie dich verändert?

Was genau haben sie mit dir gemacht?

Nun kehre nach innen zu dir und bearbeite all die Themen, die dich belasten. Arbeite an ihnen und lass die Last los. Danach wirst du dich viel freier fühlen und deinem inneren Frieden ein Stück näherkommen.

Notizen

_____

_____

_____

_____

_____

_____

_____

_____

_____

_____

_____

_____

_____

_____

_____

_____

_____

> „Du kannst nicht das nächste Kapitel deines Lebens beginnen, wenn du ständig den letzten Abschnitt wiederholst."
>
> **Michael McMillan**

„Nein" ist eines der Worte, das vielen Menschen schwerfällt zu sagen. Doch woran liegt es, dass es ihnen so schwerfällt? Ein möglicher Grund könnte sein, dass sie Schwierigkeiten haben, Dinge und Menschen abzulehnen. Es fällt ihnen einfach schwer, mit dem Gefühl der Ablehnung umzugehen. Ein weiterer Grund könnte sein, dass sie sich nie wirklich mit der Bedeutung dieses Wortes auseinandergesetzt haben. Oft bedeutet ein „Nein" zu etwas auch ein „Ja" zu dir selbst. Wenn du zum Beispiel Nein zu einer Bitte sagst, die jemand anderes an dich stellt, könnte es bedeuten, dass du Ja zu etwas sagst, dass du für dich selbst entschieden hast. Angenommen, jemand aus deinem Umfeld fragt dich, ob du heute Abend mitkommen möchtest, aber du hast dir vorgenommen, an dir zu arbeiten und etwas zu lernen. Die Frage ist nun, ob du deine eigenen Pläne über den Haufen wirfst und Nein zu dir selbst sagst, nur weil du nicht Nein sagen kannst, oder ob du bei deinem Vorhaben bleibst und Nein zu der Person aus deinem Umfeld sagst. Es spielt keine Rolle, wie der andere darauf reagieren wird. Es ist dein Leben, und du hast die Macht, zu entscheiden, wie du dieses Leben gestaltest.

Natürlich gibt es hier auch wieder verschiedene Aspekte, die wir bereit im Buch behandelt haben. Zum einen ist es eine Frage der Prioritäten: Was ist dir in diesem Moment wichtiger – deinem Plan zu folgen, oder der Bitte einer anderen Person nachzukommen?
Zum anderen kannst du dich fragen, ob das Umfeld, in dem du dich gerade befindest, das richtige für dich ist. Wie reagieren sie auf deine Entscheidungen? Akzeptieren und respektieren sie diese, oder zeigen sie wenig Verständnis?

Aber nicht nur wir können ein „Nein" geben, sondern wir müssen ebenfalls lernen, ein „Nein" zu empfangen.
Wie gehst du mit einem „Nein" um, dass du erhältst?
Wie reagierst du auf Ablehnung?

Durchaus muss auch ein „Nein" nicht immer ein endgültiges Nein bedeuten. Es kann ebenso bedeuten, dass es zu diesem Zeitpunkt nicht passt. Hier ist Akzeptanz gefragt. Akzeptiere die Entscheidungen anderer genauso, wie du dir wünschst, dass deine eigenen akzeptiert werden.

Wie wirst du also in Zukunft mit einem „Nein" umgehen?

Notizen

_____

_____

_____

_____

_____

_____

_____

_____

_____

_____

_____

_____

_____

_____

_____

_____

> *„Der Unterschied zwischen erfolgreichen Menschen und sehr erfolgreichen Menschen ist, dass sehr erfolgreiche Menschen Nein zu fast allem und jedem sagen."*
>
> **Warren Buffet**

Hast du dir schon einmal die Frage gestellt, was deine Grenzen sind?
Oder hast du dir jemals bewusst Grenzen gesetzt?
Wir alle haben bestimmte Werte, die uns wichtig sind und die wir
vertreten. Diese Werte erwarten wir auch von anderen. Zum Beispiel
üben wir bestimmte Dinge nicht aus, weil sie uns oder andere verlet-
zen könnten – und wir erwarten, dass auch andere sich so verhalten.
Wir erwarten respektvollen und freundlichen Umgang miteinander,
keine gewalttätigen oder unüberlegten Handlungen und so weiter.

Doch was passiert, wenn diese Erwartungen nicht erfüllt werden?
Was passiert, wenn andere Menschen diese Erwartungen ignorieren?
Richtig, wir sind dann meistens enttäuscht.
Aber warum ist das so? Warum fühlen wir uns enttäuscht?
Könnten wir nicht etwas gegen diese Enttäuschung unternehmen?

Natürlich können wir das! Zum einen sollten wir verstehen, dass Enttäuschung das Ende einer Täuschung bedeutet. Erinnerst du dich
noch daran?
Das heißt, die Täuschung ist vorbei und wurde endlich aufgedeckt.
Wir können uns sogar glücklich schätzen, dass wir nun die Wahrheit
erfahren haben.
Was können wir nun gegen Enttäuschung tun? Zum einen sollten wir
nicht so hohe Erwartungen an andere Menschen stellen. Dadurch vermeiden wir es, enttäuscht zu werden, wenn diese Erwartungen nicht
erfüllt werden. Zum anderen sollten wir uns klare Grenzen setzen,
damit wir in bestimmten Situationen einen Schlussstrich ziehen können. Wenn beispielsweise eine nahe stehende Person in unserem Leben etwas tut, das unseren Werten widerspricht oder uns sogar verletzt, können wir anhand unserer Grenzen eine Entscheidung treffen.
Wir können dann entscheiden, wie wir mit dieser Person oder Situation weiter umgehen. Je nachdem, welche Grenze überschritten
wurde, entscheiden wir, ob wir ein intensives Gespräch führen, ob wir
unsere Grenzen überdenken und anpassen oder ob wir uns von dieser
Person distanzieren.

Was würdest du zum Beispiel tun, wenn dein Partner dich betrügen
würde? Würdest du ihm verzeihen und die Beziehung fortsetzen?
Oder wäre für dich an dieser Stelle Schluss?

Was würdest du tun, wenn dich ein Freund stark belügt und es zu großen Konsequenzen führt?

Könntest du ihm verzeihen und weiter vertrauen, oder wäre es für dich das Ende der Freundschaft?

Diese Entscheidungen treffen wir immer selbst, und wir müssen mit den Konsequenzen zufrieden sein! Aber wir können uns auch festlegen, welche Grenzen wir haben. Was genau sind also deine?

Notizen

_____

_____

_____

_____

_____

_____

_____

_____

_____

_____

_____

_____

_____

_____

_____

_____

_____

_____

> „Man lehrt due Menschen, wie sie einen behandeln sollen, indem man entscheidet, was man akzeptieren wird und was nicht."
>
> **Oprah Winfrey**

Ist dir schonmal etwas im Leben widerfahren, was dich stark getroffen hat?

Etwas, das dir Schmerzen bereitet hat?

Wurdest du schon einmal von jemandem enttäuscht?

Ich denke schon, dass jeder von uns schon einmal so etwas erlebt hat, oder es in der Zukunft erleben wird.

Aber wie gehst du mit solchen Situationen um?

Bist du ein nachtragender Mensch, der diesen „Rucksack" immer mit sich herumträgt?

Fällt es dir schwer, diesem Menschen zu verzeihen oder ihm gar zu vergeben?

Lass uns zunächst einmal anschauen, was „verzeihen" und „vergeben" wirklich bedeuten. Es gibt nämlich einen Unterschied zwischen diesen beiden Begriffen. Das Wort „verzeihen" enthält das Wort „zeihen", was eine alte Bezeichnung für „beschuldigen" ist. Verzeihen bedeutet also, dass die Beschuldigung zurückgenommen wird. Es geht darum, die Anklage oder Bezichtigung aufzugeben. Das Thema ist damit aus der Welt, auch wenn du es möglicherweise nicht vergessen kannst.

„Vergeben" geht jedoch tiefer. In diesem Wort steckt das Wort „geben". Wenn du vergibst, gibst du jemandem etwas – in diesem Fall die Erlassung seiner Schuld. Wenn du jemandem seine Schuld erlassest, ziehst du nicht nur deine Anklage zurück, sondern sprichst ihn auch von dieser Schuld frei. Das ist der Unterschied zwischen „Verzeihen" und „Vergeben".

Ich glaube, dass es grundsätzlich möglich ist, alles zu verzeihen. Sicherlich gibt es Dinge, die schwerer zu verzeihen sind als andere, aber auch diese Themen können vergeben werden. Ich möchte nicht sagen, dass du die Taten der anderen für richtig oder gut heißen sollst. Es geht vielmehr darum, dir diese Last abzunehmen und sie nicht länger mit dir herumzutragen. Auch wenn du keine Entschuldigung für das Verhalten anderer erhältst, ist es besser zu verzeihen. Denn nicht der anderen Person wird es dadurch besser gehen, sondern dir selbst. Es wird dir helfen, nicht unbedingt der anderen Person. Du wirst die alte Last los und lässt dich nicht mehr von ihr beeinflussen. Du trägst nicht länger diese negative Energie mit dir herum, die dir immer wieder ein Stück deiner täglichen Energie raubt. Natürlich kannst du auch die Taten der anderen vergeben, wenn du das für richtig hältst. Diese Entscheidung triffst du selbst, je nach Schwere der Taten. Andererseits sollten wir bedenken, dass wir alle Fehler machen und Menschen sind, die sich weiterentwickeln und verbessern. Vielleicht haben jene, die uns verletzt haben, aus ihren Fehlern gelernt. Das soll lediglich als Anregung dienen und dich zu keiner Entscheidung drängen. Am Ende entscheidet jeder für sich selbst, was das Beste ist und wie er mit der Situation umgeht. Quäl dich nicht unnötig mit Dingen, die dir nicht guttun. Versetze dich in die Lage und überlege, was für dich selbst am besten ist.

Wie gehst du also mit solchen Situationen um?

Ist es wirklich das Beste, diese Dinge zu verdrängen und zu ignorieren, oder solltest du sie lieber loslassen?

Gibt es noch Themen in deinem Leben, die du noch nicht verziehen hast?

Kommen bestimmte Menschen oder Situationen in deinem Kopf hoch und verursachen negative Gefühle?

Wie gut kannst du verzeihen oder sogar vergeben?

Fällt es dir leicht oder eher schwer?

Notizen

_____

_____

_____

_____

_____

_____

_____

_____

_____

_____

_____

_____

_____

_____

_____

_____

> „Der Schwache kann nicht verzeihen. Verzeihen ist eine Eigenschaft des Starken."
>
> **Mahatma Gandhi**

57. Was ist richtig und falsch?

Meiner Meinung nach gibt es so etwas wie richtig und falsch nicht.
Und wenn doch, wer entscheidet dann, was richtig oder falsch ist?
Ist es nicht immer nur die persönliche Betrachtungsweise des jeweiligen Menschen?
Fließt nicht immer die eigene Meinung mit ein, die entscheidet, was aus der eigenen Sicht richtig oder falsch ist?
Gibt es so „richtig" und „falsch" überhaupt?
Oder haben wir Menschen dieses Konzept einfach ausgedacht?

Greifen wir einmal wieder zurück auf das Beispiel der liegenden 6, bzw. 9. Wenn einer behauptet es sei eine 6, du allerdings der Meinung bist, es sei eine 9, wer von euch hat dann Recht? Ganz genau, keiner von beiden hat „recht", aber auch keiner ist „falsch". Jeder erzählt die Wahrheit aus seiner eigenen Perspektive. Es ist eine Illusion zu glauben, dass es etwas wie richtig oder falsch gibt.
Unser Ego besteht jedoch oft darauf, im Recht zu sein, und setzt alles daran, dass wir unsere Sichtweise durchsetzen. Es möchte uns einreden, dass wir richtig liegen und dass unser Gegenüber im Unrecht ist.
Das Ego macht sich ungern klein und drängt dir seine Ansicht auf.

Meine Frage ist jedoch: Wenn dieses Ego nicht existieren würde, würdest du dann noch immer auf „richtig" und „falsch" beharren?
Oder wären diese Begriffe für dich dann überflüssig?
Glaubst du nicht auch, dass es bloß unsere jeweiligen Sichtweisen und Meinungen sind, die etwas als richtig oder falsch bewerten?

Wie siehst du das?
Was ist für dich richtig und falsch?

Notizen

_____

_____

_____

_____

_____

_____

_____

_____

_____

_____

_____

_____

_____

_____

_____

_____

_____

_____

> „Jenseits von richtig und falsch liegt ein Ort. Dort treffen wir uns."
>
> **Rumi**

Meines Erachtens ist die Liebe die zweitwertvollste Sache, die dir ein Mensch schenken kann. Lediglich seine gegebene Lebenszeit sehe ich als noch wertvoller an. Liebe ist etwas so Wundervolles und Einzigartiges, dass sie sich sicherlich nicht mit einfachen Worten beschreiben lässt. Viele Menschen sehen Liebe als eine Art Bedingung, die sie anderen geben und in gleicher Weise oder sogar mehr zurückerhalten müssen. Nach dem Motto: „Was ich dir gebe, möchte ich auch genauso zurückbekommen."

Doch ist das wirklich wahr?
Verstehst du das unter Liebe?
Beruht wahre Liebe wirklich auf Bedingungen?
Oder ist Liebe nicht vielmehr etwas, das ich aus dem Herzen herausgebe, ohne die Erwartung, etwas zurückzubekommen?
Ich sehe letzteres als wahre Liebe an. Wie siehst du das?

Genauso sollten wir die Perspektive der Liebe überdenken. Wusstest du eigentlich, dass die Liebe anderer Menschen in Wahrheit deine eigene ist? Diese Menschen fungieren lediglich als Verstärker deiner eigenen Gefühle. Das bedeutet, sie sind ein Spiegel deiner Liebe. Ebenso bedeutet es, dass, wenn du dich beispielsweise von deinem Partner getrennt hast, diese Liebe immer noch in dir ist. Diese Liebe ist nicht fort, nur weil dein Partner nicht mehr anwesend ist. In Wahrheit kam sie die ganze Zeit aus dir selbst heraus. Du kannst sie dir jederzeit selbst geben, wenn du diese Wahrheit akzeptierst.

Aus diesem Grund habe ich eine Frage an dich: Wie sehr liebst du dich selbst? Welche Dinge schätzt du an dir am meisten?
Mit Selbstliebe fängt alles an. Wie sonst sollte dich jemand anderes wahrhaftig lieben können, wenn du es nicht einmal selbst tust?
Wie sollte jemand dich akzeptieren, mit all deinen Ecken und Kanten, wenn du es nicht selbst tust?
Richtig, es würde nicht funktionieren! Du darfst zuerst bei dir selbst nach Liebe suchen, damit du sie auch im Außen finden kannst. Nur so wirst du wahre Liebe verstehen können.
Also, was bedeutet Liebe für dich?

Notizen

> „Es muss von Herzen kommen, was auf Herzen wirken soll."
>
> **Johann Wolfgang von Goethe**

59. Wann hast du dir das letzte Mal Zeit nur für dich genommen?

Viel zu oft nehmen wir uns Zeit für alle möglichen Dinge, aber selten für die wirklich wichtigen.
Wann hast du dir zuletzt Zeit für das Allerwichtigste im Leben genommen?
Die Zeit für dich selbst.
Wann bist du zuletzt in dich gekehrt und hast geschaut, wie es bei dir wirklich innerlich geht?

Viele Menschen unterschätzen genau das. Dabei ist es so wichtig, sich diese Zeit zu nehmen. Nur so wirst du erfahren, was dich aktuell beschäftigt. Nur so wirst du dich selbst besser kennenlernen und verstehen. Wenn du dir regelmäßig Zeit für dich nimmst, wirst du innerlich stärker werden und wachsen.
Die meisten Menschen jedoch nutzen diese wertvolle Zeit lieber für unbedeutende Dinge wie Fernsehen, Videospiele, Social Media und Ähnliches.
Das soll nicht heißen, dass du diese Dinge nie tun darfst. Natürlich kannst du das tun, aber sie werden dir niemals den gleichen Effekt geben und dich wirklich voranbringen. Du wirst niemals diese innere Unruhe stillen können. Es wird immer etwas in dir geben, das nach Aufmerksamkeit schreit und beachtet werden will.

Also fang an, dich selbst besser kennenzulernen.
Fang an herauszufinden, was in dir steckt. . Lasse deine Gefühle zu und höre auf, sie zu unterdrücken. Sie sind da, um beachtet zu werden. Nimm dir täglich Zeit für dich selbst! Du hast es verdient, und du brauchst diese Zeit auch.
Es spielt keine Rolle, wie du diese Zeit gestaltest.
Du kannst meditieren, einen Spaziergang in der Natur machen, lesen oder tun, was dir sonst noch guttut.
Die Frage ist: Wann und wie wirst du dir Zeit für dich nehmen?

Notizen

_____

_____

_____

_____

_____

_____

_____

_____

_____

_____

_____

_____

_____

_____

_____

_____

_____

_____

> *„Zeit, die wir uns nehmen, ist Zeit, die uns etwas gibt."*
>
> **Ernst Ferstl**

Es gibt nur eine kleine Menge an Menschen, die wirklich im Hier und Jetzt leben. Ein Teil der Menschen ist ständig mit seinen Gedanken in der Vergangenheit, der andere Teil ist in der Zukunft. Der eine kämpft immer noch mit Erlebnissen, Verlusten und Momenten, die längst vergangen sind und keine Bedeutung mehr für die aktuelle Situation haben. Sie haben bestimmte Verluste noch nicht verarbeitet und drehen sich immer wieder im Kreis. Der andere Teil macht sich ständig Sorgen über Dinge, die noch nicht eingetreten sind – oder die vielleicht niemals eintreten werden. Oft sehnen sie sich nach bestimmten Ereignissen, weil sie glauben, dass es ihnen dann besser geht. Und es gibt noch viele weitere Beispiele.

Aber eigentlich wissen wir doch alle, dass es nur einen Moment gibt, oder? Es gibt nur das Hier und Jetzt. Deine Vergangenheit ist das „Jetzt" von gestern. Deine Zukunft ist das „Jetzt" von morgen. Es gab nie etwas anderes!

Aber warum sind dann so viele Menschen trotzdem nicht im aktuellen Moment anwesend?

Warum sind sie ständig mit ihren Gedanken woanders, anstatt die Gegenwart zu erleben?

Wahrscheinlich, weil sie nie gelernt haben, im Jetzt zu leben. Sie sind so aufgewachsen und haben diese Denkmuster übernommen. Es ist ihnen zur Gewohnheit geworden. Doch das bedeutet nicht, dass es der richtige Weg ist! Es ist so wichtig, den gegenwärtigen Moment bewusst wahrzunehmen und vollständig zu erleben. Denn dieser Moment, wie er jetzt gerade stattfindet, wird nie wieder exakt so sein. Es mag ähnliche Situationen geben, aber nie wird dieser eine Moment genau wiederkommen.

Und eines ist sicher: Wir werden niemals wirklich glücklich sein, wenn wir nicht im Hier und Jetzt leben.

In welcher Zeit lebst du also?

Bist du in der Gegenwart präsent?

Nimmst du den jetzigen Moment bewusst wahr?

Wie wirst du in Zukunft damit umgehen?

Notizen

„Vergangenheit und Zukunft gibt es nicht, es gibt nur eine unendlich kleine Gegenwart. In dieser eben vollzieht sich das Leben."

Leo Tolstoi

61. Wenn du wüsstest, dass du nur noch ein wenig Lebenszeit übrighättest, wie würdest du dann dein bisheriges Leben betrachten?

Was empfindest du, wenn du diese Frage liest?
Freut es dich, wenn du auf dein Leben zurückblickst?
Oder überkommt dich ein negatives Gefühl, wenn du daran denkst?
Bist du stolz auf das, was du gewagt und erreicht hast?
Oder bereust du eher, was du nicht getan hast?
Liebst du das Leben, das du bisher geführt hast?
Oder macht dich deine Vergangenheit unglücklich?

Nimm dir einen Moment und denke wirklich darüber nach! Ich habe das Thema Zeit schon oft angesprochen, doch es ist nie genug, um immer wieder daran zu erinnern. Wir haben nur eine begrenzte Zeit auf dieser Welt, und es liegt allein bei dir, wie du diese Zeit nutzt. Wenn du dein Leben also eher negativ bewertest, solltest du dir Gedanken darüber machen, warum das so ist.

Was könntest du ändern, damit diese Bewertung positiver ausfällt?
Möchtest du noch etwas Neues ausprobieren? Dann tue es!
Möchtest du einen anderen Beruf ergreifen? Dann mach es!
Möchtest du in ein anderes Land ziehen? Dann wandere aus!
Möchtest du mehr Zeit mit deiner Familie verbringen? Dann tue es!

Ich möchte dir einfach noch einmal bewusst machen, wie wichtig es ist, deine Zeit zu nutzen und nicht auf den perfekten Moment zu warten.
Wenn wir ständig alles auf später verschieben und sagen: „Irgendwann mache ich...", verschwenden wir nur wertvolle Zeit. Du wirst nicht ewig Zeit haben, und irgendwann ist es vielleicht zu spät. Also reflektiere über deine bisherige Lebenszeit und frage dich, ob du auf dem richtigen Weg bist.

Notizen

_____

_____

_____

_____

_____

_____

_____

_____

_____

_____

_____

_____

_____

_____

_____

_____

_____

„Wenn du den Eindruck hast, dass das Leben Theater ist, dann such dir eine Rolle aus, die dir so richtig Spaß macht."

William Shakespeare

62. Hast du dich schon einmal mit dem Tod intensiv auseinandergesetzt?

Viele Menschen reagieren mit Unbehagen auf das Thema Tod oder betrachten es als Tabuthema. Wie gehst du damit um? In diesem Buch möchte ich nicht auf die Frage eingehen, was genau nach dem Tod passiert – jeder sollte sich hierzu seine eigene Meinung bilden. Sich jedoch mit diesem Thema auseinanderzusetzen, kann sicherlich nicht schaden. Was jedoch definitiv feststeht, ist, dass das Leben endet, sobald der Tod in unser Leben tritt. Dann gibt es keinen nächsten Tag mehr für uns. Und eines ist ebenfalls sicher: Dieser Tag wird kommen. Seit dem Moment unserer Geburt ist er unausweichlich. Es ist ein ungeschriebenes Gesetz.

Trotzdem machen sich viele Menschen eine Illusion und tun so, als wären sie ewig hier. Sie leben mit der Vorstellung, unsterblich zu sein. Ein anderer Teil der Menschen hat entweder bewusst oder unbewusst Angst vor dem Tod, weil sie nicht wissen, was danach kommt.

Doch wir sollten uns fragen: Warum sollten wir vor etwas Angst haben, das wir nicht verhindern können? Warum Energie darauf verschwenden?
Stattdessen sollten wir die uns gegebene Zeit nutzen und genießen. Warum nicht den Fokus auf das Leben richten, anstatt uns ständig Gedanken über das zu machen, was nach dem Tod kommt?

Ebenso solltest du dir bewusst sein, dass eines Tages auch geliebte Menschen aus deinem Leben treten werden – Menschen, die dir sehr nahestehen. Irgendwann werden sie nicht mehr da sein. Daher ist es umso wichtiger, die Zeit, die du mit ihnen hast, wertzuschätzen und dankbar dafür zu sein. Natürlich dürfen wir traurig sein, wenn ein geliebter Mensch geht. Doch wir können auch unsere Perspektive ändern und dankbar dafür sein, dass wir überhaupt eine gemeinsame Zeit hatten. Sei dankbar für all die besonderen Momente, die ihr geteilt habt. Zum Beispiel kannst du dankbar sein, Zeit mit deinen Eltern verbracht zu haben. Viele Menschen auf dieser Welt haben diese Zeit nicht und würden sich wünschen, sie gehabt zu haben. Es kommt ganz darauf an, wie man solche Erfahrungen betrachtet.

Wie siehst du das?
Wie gehst du mit diesem Thema um?

Notizen

_____

_____

_____

_____

_____

_____

_____

_____

_____

_____

_____

_____

_____

_____

_____

_____

_____

_____

_____

_____

> „Nicht den Tod sollte man fürchten, sondern dass man nie beginnen wird zu leben."
>
> **Mark Aurel**

Hast du schon einmal darüber nachgedacht, was du auf dieser Welt hinterlassen wirst, wenn du sie verlässt?

Wie werden die Menschen dich in Erinnerung behalten?

Wirst du in positiver oder eher negativer Erinnerung bleiben?

Wie würden deine Kinder über dich denken, wenn du welche hast oder haben würdest?

Werden sie dich als liebevolle und fürsorgliche Mutter in Erinnerung behalten?

Oder als starken und großartigen Vater?

Werden herausragende und wundervolle Taten mit deinem Namen verbunden sein?

Sehen bestimmte Menschen dich als Vorbild?

Und was sind die ersten Dinge, die einem in den Sinn kommen, wenn man deinen Namen hört?

Versuche dich einmal selbst einzuschätzen. Betrachte dich von außen und beschreibe dich als Person.

Was strahlst du aus?

Welche Werte vermittelst du?

Und welche Werte würdest du gerne vermitteln?

Harmonieren diese beiden? Wenn nicht, warum nicht?

Und was dürftest du verändern oder verbessern, damit sie übereinstimmen?

Du solltest auch immer im Hinterkopf behalten, dass wir fast alles hier zurücklassen werden.

Wir nehmen nur unsere Seele, unsere Erfahrungen und Erinnerungen mit – Dinge, die von unermesslichem Wert für uns sind und daher entsprechend behandelt werden sollten. Natürlich fühlt es sich großartig an, im Leben materiellen Erfolg zu haben. Das dürfen und sollten wir auch ausleben. Doch dieser Erfolg hat nicht den gleichen Wert wie andere Dinge.

Ich habe eine Frage an dich: Welche der beiden folgenden Aussagen stellt eine schönere Erinnerung an dich dar?

„Er/Sie hatte sehr viel Erfolg, viele Auszeichnungen, viel Geld, teure Villen, schöne Autos und wundervollen Schmuck.“

„Er/Sie war eine sehr zielstrebige, selbstbewusste, liebevolle, kluge und freundliche Person.“

Merkst du, was einen größeren Wert für uns haben sollte? Genau darauf sollten wir unseren Fokus richten: auf die Fähigkeiten und Werte, die mit uns in Verbindung gebracht werden. Diese können wir nur durch unsere Taten zum Ausdruck bringen. Das ist es, was wir in der Welt hinterlassen.

Einige Menschen teilen ihr Wissen und ihre Erfahrungen durch Videos, Kurse, Coachings und Bücher, die sie über die Jahre gesammelt haben. Andere sind sehr hilfsbereit und widmen dieser Fähigkeit ihre Leidenschaft. Sie werden Ärzte, Psychologen, Polizisten oder sind im Rettungsdienst tätig. Natürlich gibt es unzählige weitere Beispiele. Aber letztlich sollten sich alle Menschen fragen: Wozu tue ich dies oder jenes? Was möchte ich hinterlassen?

Notizen

---

*„Das einzig Wichtige im Leben sind die Spuren der Liebe, die wir hinter-
lassen, wenn wir gehen."*

Albert Schweitzer

64. Bist du dir über deine Möglichkeiten bewusst?

Heutzutage haben wir unzählige Möglichkeiten, die uns vor einigen Jahren noch nicht zur Verfügung standen. Und es werden mit der Zeit noch viel mehr hinzukommen. Es gibt einen rasanten Anstieg an Chancen und Optionen. Doch dennoch haben viele Menschen Ausreden parat, warum sie bestimmte Dinge nicht tun können. Aber ist das wirklich der Fall?

Oft beschweren wir uns über Kleinigkeiten und finden Ausreden, warum wir bestimmte Dinge nicht erreichen oder umsetzen können. Zum Beispiel sagen wir, dass wir keine Zeit für XY haben, obwohl wir unsere wertvolle Zeit in der Freizeit auf verschiedenen Streamingplattformen oder in sozialen Medien verbringen.

Hast du wirklich keine Zeit, oder belügst du dich nur selbst?

Verwendest du manche Umstände in deinem Leben nur als Ausrede?

Natürlich hat jeder von uns Herausforderungen und Verpflichtungen, die wir bewältigen müssen. Wir alle haben unsere Aufgaben im Leben. Aber sind diese wirklich so überwältigend, dass sie uns daran hindern, bestimmte Dinge zu tun?

Ich bin der Meinung, dass wir hier im europäischen Raum – oder sogar in der westlichen Welt – eigentlich keine passenden Ausreden haben. Zum Beispiel haben wir die Möglichkeit, jederzeit im Internet Antworten auf unsere Fragen zu finden oder auf verschiedenen Wegen neues Wissen zu erlangen. Diese Möglichkeiten bestehen in vielen anderen Ländern nicht. Dort müssen sich Menschen mit ganz anderen Herausforderungen auseinandersetzen, wie zum Beispiel damit, wie und wo sie ihre Nahrung bekommen oder wo sie in Sicherheit die Nacht verbringen können. Mit solchen existenziellen Fragen müssen wir uns hier nicht befassen. Wir genießen einen ganz anderen Lebensstandard und eine andere Lebensqualität.

Deshalb vertrete ich diese Meinung. Wenn wir dennoch Ausreden finden, dann wollen wir es uns entweder nicht eingestehen, nicht akzeptieren oder wir verleugnen es.

Denke einfach daran: Heute haben wir so viele Möglichkeiten, die andere nicht haben, oder die in der Vergangenheit nicht zur Verfügung standen. Du kannst dir jederzeit eine dieser Möglichkeiten zunutze machen und dein Leben dadurch völlig verändern. Es ist eine Frage der eigenen Prioritäten, ob und wie du diese Chancen nutzt.

Welche Möglichkeiten hast du heute?
Nutzt du sie, oder nicht?

Notizen

_____

_____

_____

_____

_____

_____

_____

_____

_____

_____

_____

_____

_____

_____

_____

„Wenn du etwas für unmöglich hältst, dann such nach einer Möglichkeit."

Bruce Lee

Freiheit bedeutet für jeden Menschen etwas anderes. Jeder definiert sie auf seine eigene Weise. Für den einen ist Freiheit zum Beispiel die Möglichkeit, zu tun und zu lassen, was man will. Für den anderen bedeutet sie, von nichts im Außen abhängig zu sein. Ein anderer sieht sie als ein Gefühl der absoluten Zufriedenheit, und wieder ein anderer betrachtet Freiheit als einen finanziellen Aspekt. Jede dieser Perspektiven ist berechtigt und entspricht aus der jeweiligen Sicht der Wahrheit.

Es ist jedoch wichtig, dass du dir bewusst machst, was Freiheit für dich persönlich bedeutet. Es ist entscheidend, diese Frage für dich selbst zu beantworten. Sobald du deine eigene Definition von Freiheit gefunden hast, wirst du erkennen, ob du diese Freiheit bereits erreicht hast oder sie sogar schon lebst. Gleichzeitig wird dir klar, was du tun und lassen musst, um deine Freiheit zu erlangen.

Was bedeutet Freiheit also für dich?
Bist du schon frei?
Was darfst du noch erreichen oder tun, um diese Freiheit zu erlangen?
Auf welche Dinge darfst du zukünftig verzichten, um deiner Freiheit näherzukommen?

Notizen

> *„Wer Sicherheit der Freiheit vorzieht, bleibt zu Recht ein Sklave."*
>
> **Aristoteles**

Jeder Mensch hat eine eigene Vorstellung davon, was Erfolg bedeutet. Für den einen bedeutet Erfolg, finanziell frei zu sein und sich alles leisten zu können, was man möchte. Für den anderen bedeutet Erfolg, die Ziele zu erreichen, die man sich gesetzt hat. Und wieder ein anderer definiert Erfolg als das Erreichen eines glücklichen und zufriedenen Lebens. Jede dieser Definitionen hat ihre Berechtigung und kann aus der jeweiligen Perspektive als Erfolg angesehen werden. Natürlich gibt es unzählige weitere Definitionen von Erfolg. Jeder von uns hat eine ganz eigene und individuelle Vorstellung davon.

Genau das ist der entscheidende Punkt: Keine Antwort ist falsch, weil Erfolg für jeden etwas anderes bedeutet. Wir sind alle individuell und haben unterschiedliche Ansichten im Leben. Für jeden einzelnen Menschen gibt es eine eigene „Wahrheit". Und diese Wahrheit ist auch auf die Definition von Erfolg anwendbar. Wichtig ist, dass wir diesen Begriff für uns selbst definieren und nicht einfach die Sichtweise eines anderen übernehmen – sei es bewusst oder unbewusst.

Was bedeutet Erfolg also für dich?
Worauf beziehst du Erfolg?
Beziehst du Erfolg auf materielle Besitztümer?
Bist du erst erfolgreich, wenn du bestimmte Dinge besitzt?
Oder siehst du Erfolg in einer zukünftigen Version von dir?
Bist du erst dann erfolgreich, wenn du ein bestimmter Mensch geworden bist, der bestimmte Werte verkörpert?
Wie sieht es bei dir aus?
Bist du schon erfolgreich, oder fehlt noch etwas dazu?

Ganz gleich, wie du Erfolg definierst, du kannst dich jederzeit entscheiden, dass du bereits ein erfolgreiches Leben führst, wenn du es zulässt. Du hast die Wahl! Es hängt einzig und allein von deiner Sichtweise ab.
Und wie ist deine Sichtweise?
Siehst du dein Leben bereits als erfolgreich an?
Nimm dir einen Moment, um darüber nachzudenken, und definiere Erfolg für dich selbst.

Notizen

_____

_____

_____

_____

_____

_____

_____

_____

_____

_____

_____

_____

_____

_____

_____

_____

_____

_____

„Ich messe den Erfolg nicht an meinen Siegen, sondern daran, ob ich jeder Jahr besser werde."

Tiger Woods

Ich bin sicher, du wirst mir zustimmen, wenn ich behaupte, dass Gesundheit das Allerwichtigste auf der Welt ist. Denn ohne optimale Gesundheit sind wir in allen Bereichen des Lebens eingeschränkt. Wir können noch so viel Geld, Erfolg, Ruhm oder Zeit haben – ohne eine gute Gesundheit wird uns all das nichts nützen. Doch wir haben das große Glück, dass jeder seine Gesundheit selbst in der Hand hat. Jeder kann entscheiden, wie sehr er auf seine Gesundheit achtet.

Du entscheidest täglich, ob du gesundheitsschädliche Substanzen zu dir nimmst oder deinem Körper gesundheitsfördernde Lebensmittel gibst. Du entscheidest, ob du Sport treibst und dich ausreichend in der Natur bewegst oder ob du dich lieber aufs Sofa oder ins Bett verkriechst. Du entscheidest, ob du genug Schlaf und Erholung bekommst oder noch Stunden auf Social Media oder Streamingplattformen verbringst. Es ist eine Frage deiner eigenen Absichten.

Früher oder später wirst du die Konsequenzen deiner Entscheidungen spüren. Je älter du wirst, desto mehr wird sich zeigen, wie gut oder schlecht du auf deine Gesundheit geachtet hast. Du wirst dir dann entweder danken, dass du Zeit, Kraft und Energie in deine Gesundheit investiert hast, oder du wirst bereuen, es nicht getan zu haben. Doch es ist nie zu spät, etwas zu ändern. Natürlich können die schädlichen Gewohnheiten aus der Vergangenheit nicht rückgängig gemacht werden, aber du kannst heute noch anfangen, in deine Gesundheit zu investieren.

Frage dich, wie du in den folgenden Bereichen mit deiner Gesundheit umgehst:

Sport / Bewegung

- Wie stehst du zum Thema Sport?
- Wie viel Sport treibst du in der Woche?
- Welche Art von Sport gefällt dir?
- Was fühlt sich für dich effektiv an?
- Wann hast du das letzte Mal Sport getrieben?
- Bewegst du dich genug im Alltag?
- Verbringst du ausreichend Zeit in der Natur?

Ernährung

- Achte ich bewusst auf meine Ernährung?
- Bekomme ich die Vitamine, Mineralien und Nährstoffe, die mein Körper täglich braucht?
- Trinkst du genügend Wasser von guter Qualität?

Erholung

- Gönnst du dir genug Schlaf und Erholung?
- Nimmst du dir Zeit für dich selbst und deine innere Balance?
- Was fühlt sich für dich nach Erholung an?
- Hast du einen regelmäßigen Schlafrhythmus?

Einstellung

- Wie ist deine allgemeine Einstellung zum Leben?
- Wie sehr fokussierst du dich auf das Thema Krankheit?
- Glaubst du, dass du krank bist, oder bist du zuversichtlich, gesund zu sein?
- Beschwerst du dich über Krankheiten und Schmerzen, oder hinterfragst du die Ursachen?

Sonstiges

- Gibt es Dinge, die deiner Gesundheit schaden oder sie fördern, die du regelmäßig tust?
- Wie empfindest du deine Lebensqualität?
- Gibt es bereits Anzeichen, die auf gesundheitliche Probleme hindeuten?
- Was kannst du heute noch tun, um deine Gesundheit zu verbessern?

Bedenke: Die Wahl liegt immer bei dir, wie du mit deiner Gesundheit umgehst. Die Jugend ist für alle da, doch das Alter ist nur für die wenigen bestimmt, die etwas dafür investiert haben. Dein Körper ist der Tempel deiner Seele – behandle ihn dementsprechend. Gesunde Menschen haben tausende von Wünschen, doch der Kranke hat nur den einen: gesund zu sein.

Notizen

_____

_____

_____

_____

_____

_____

_____

_____

_____

_____

_____

_____

_____

_____

_____

_____

„Es gibt tausende Krankheiten, aber nur eine Gesundheit."

Ludwig Börne

Ernährung ist ein zentraler Bestandteil unseres Lebens, und ich halte es für wichtig, dieses Thema ausführlicher zu behandeln. Wie du sicherlich schon gehört hast, beeinflusst unsere Ernährung unser Leben enorm. Das Sprichwort „Du bist, was du isst" trifft es sehr gut. Unsere Nahrung ist nicht nur ein Genuss, sondern vor allem Energie. Energie, die unseren Körper versorgt und es uns ermöglicht, Dinge umzusetzen. Der eigentliche Zweck der Ernährung liegt also in der Versorgung des Körpers – nicht darin, uns den Magen vollzuschlagen, wie es oft in der Gesellschaft üblich ist. Und schon gar nicht mit der Nahrung, die von vielen konsumiert wird.

Unsere Verdauung verbraucht dabei am meisten Energie. Und nun kannst du dir sicher schon denken, welches Nahrungsmittel uns die meiste Energie raubt: Fleischkonsum. Fleisch ist der größte Energieräuber, den wir zu uns nehmen können. Aber nicht nur dass – es hat noch viele andere negative Auswirkungen. Beim Fleischkonsum nehmen wir auch die Medikamente und Mittel auf, die den Tieren verabreicht werden, wie beispielsweise Antibiotika.

Wusstest du, dass Tiere genauso wie wir Menschen Gefühle empfinden? Was denkst du, passiert mit den Hormonen eines Tieres, wenn es ständig dem Tod ausgesetzt ist? Diese Tiere erleben Angst – sie riechen, hören und sehen den Tod ihrer Artgenossen. Und letztendlich erleiden sie selbst den Tod. Diese emotionalen Belastungen spiegeln sich in ihren Hormonen wider. Und genau diese Hormone nehmen wir durch den Fleischkonsum auf. Was denkst du, welche Auswirkungen das auf uns hat? Ich bin fest davon überzeugt, dass dies keine positiven Effekte für uns hat.

Ein weiterer großer Energieräuber in unserer Ernährung ist Zucker. Zucker sorgt nicht nur dafür, dass unsere Gehirnleistung reduziert wird, sondern ist auch der Hauptfaktor, der uns schneller altern lässt. Ja, richtig gehört – Zucker beschleunigt den Alterungsprozess. Und leider ist Zucker heute in vielen unserer Nahrungsmittel enthalten. Ich kann dir nur raten, zukünftig mehr darauf zu achten, wie viel Zucker du zu dir nimmst.

Achte also bewusst auf das, was du täglich zu dir nimmst.
Was willst du wirklich in deinem Körper haben?
Was ist dir wichtiger: der Geschmack oder die Wirkung auf deinen Körper?

Denkst du in Kategorien von Nahrungsmitteln oder von Lebensmitteln?

Es ist deine Entscheidung, was du deinem Körper gibst und welche Auswirkungen das auf dich hat. Denke daran: Du bist, was du isst.

Notizen

_____

_____

_____

_____

_____

_____

_____

_____

_____

_____

_____

_____

_____

_____

_____

_____

_____

_____

_____

> „Man soll dem Leib etwas Gutes bieten, damit die Seele Lust hat, darin
> zu wohnen."
>
> **Winston Churchill**

Es gibt Dinge auf dieser Welt, die uns alle miteinander verbinden. Eine davon ist, dass wir alle Sauerstoff zum Leben benötigen. Ohne Sauerstoff wäre es für uns nicht möglich, weiterzuleben. Bereits nach wenigen Sekunden ohne ihn würden wir beginnen, zu kämpfen, und nach ein paar Minuten wären wir nicht mehr am Leben. Sauerstoff ist also lebenswichtig und die Atmung ist essenziell für unser Überleben. Im Gegensatz dazu können wir zum Beispiel drei Wochen ohne Nahrung oder drei Tage ohne Wasser auskommen. Daraus können wir ableiten, dass unsere Atmung die höchste Priorität hat. Aus diesem Grund sollten wir regelmäßig und bewusst auf unsere Atmung achten. Wann hast du beispielsweise das letzte Mal einen bewussten Atemzug zu dir genommen?

Hast du jemals wirklich darauf geachtet?

Falls nicht, dann nehme dir heute und in Zukunft immer wieder Zeit, deinen Atem zu spüren und bewusst zu atmen.

Es ist für uns eine Erleichterung, dass unsere Atmung automatisch funktioniert. Doch wir können auch dafür sorgen, dass diese Atemzüge tief, richtig und förderlich für unsere Gesundheit sind. Denn es gibt verschiedene Arten der Atmung, und manche können unserer Gesundheit schaden.

Kurze und flache Atemzüge – wie sie oft in Stresssituationen auftreten – sind nicht gesund. Diese Art der Atmung kommt aus der Brust und bedeutet, dass wir oft flach und schnell atmen. Dies kann durch Stress, Angst oder Adrenalin verursacht werden. Auf Dauer kann diese Atmung unserer Gesundheit schaden und zu Verspannungen und einer schlechten Sauerstoffversorgung führen.

Besser ist es, aus dem Bauch zu atmen. Die Bauchatmung ist tief und ruhig, wodurch alle Organe und Zellen ausreichend mit Sauerstoff versorgt werden. Sie hilft, mehr Ruhe und Gelassenheit zu erfahren, was positive Auswirkungen auf unseren Körper hat.

Wie kannst du herausfinden, ob du aus der Brust oder dem Bauch atmest?

Lege einfach eine Hand auf deine Brust und eine auf deinen Bauch. Wenn sich der Brustkorb hebt, atmest du aus der Brust. Wenn sich der Bauch ausdehnt, atmest du aus dem Bauch. Versuche es einmal und werde dir bewusst, wie du atmest.

Was für ein Typ bist du?

Atmest du mehr aus der Brust, oder aus dem Bauch?
Wie bewusst gehst du mit deiner Atmung um?
Was könntest du tun, um deine Atmung zu verbessern?
Wie wirst du in Zukunft mit deiner Atmung umgehen?

Achte darauf, wie du atmest, und versuche regelmäßig tiefer und ruhiger aus dem Bauch heraus zu atmen. Deine Gesundheit wird es dir danken.

Notizen

_____

_____

_____

_____

_____

_____

_____

_____

_____

_____

_____

_____

_____

_____

_____

„Tiefe Atemzüge sind wie kleine Liebesbriefe an deinen Körper."

Unbekannt

Ich finde diese Frage besonders wichtig, weil vielen Menschen nicht bewusst ist, wie sehr sie sich von bestimmten Dingen oder Gewohnheiten kontrollieren lassen. Dabei spielt es keine Rolle, ob es um Substanzen, Konsumprodukte, bestimmte Menschen, das Streben nach Geld oder nach materiellen Dingen geht. Sobald es zu einer Abhängigkeit wird, verlieren wir einen Teil unserer Freiheit und damit auch einen Teil unseres freien Willens. Wir handeln nicht mehr bewusst und aus eigenem Entschluss, sondern tun Dinge, weil wir eine Abhängigkeit entwickelt haben.

Wir sind süchtig nach dem Gefühl, nach dem Produkt oder nach der Belohnung, die uns diese Dinge verschaffen. Doch trotz des Wissens, dass diese Dinge unserer Gesundheit, unserem Wohlbefinden und unserer langfristigen Zufriedenheit schaden können, wiederholen wir sie immer wieder.

Aber warum tun wird das?
Warum handeln wir gegen uns selbst?
Warum schaden wir unsere Gesundheit, nur um bestimmte Produkte zu konsumieren?
Warum streben wir so intensiv nach materiellen Dingen?
Warum geben wir die Kontrolle über unsere Gefühle und unser Glück an andere Menschen ab, anstatt uns selbst mit diesen Themen auseinanderzusetzen?

Es gibt verschiedene Gründe für dieses Verhalten. Ein häufiger Grund ist die Gewohnheit. Viele Menschen wissen, welche Risiken sie eingehen, aber sie setzen sich selten wirklich mit den Konsequenzen auseinander. Häufig wird erst reagiert, wenn ein schwerwiegendes Ereignis eintritt, wie zum Beispiel eine Krankheit oder der Verlust eines geliebten Menschen.

In solchen Momenten wird vielen klar, was sie durch ihre Handlungen riskiert haben – aber oft ist es dann zu spät.

Ein weiterer Grund für solche Verhaltensweisen ist das kurzfristige Glücksgefühl. Viele Menschen glauben, dass sie durch Konsum, Beziehungen oder andere äußere Faktoren glücklich werden. Doch dieses Glück ist oft nur von kurzer Dauer. Was wir jedoch wirklich anstreben sollten, ist langfristiges, nachhaltiges Glück, das aus innerer Zufriedenheit und bewussten Entscheidungen resultiert.

Die Frage, die wir uns stellen sollten, ist: Welche Art von Glück strebst du an?

Willst du kurzfristige, flüchtige Glücksmomente erleben, oder strebst du langfristige Zufriedenheit an, die auf bewussten, gesunden Entscheidungen basiert?

Natürlich ist es nicht meine Absicht, jemandem vorzuschreiben, wie er leben soll. Jeder Mensch hat das Recht, eigene Entscheidungen zu treffen. Aber es ist wichtig, sich bewusst zu werden, ob wir aus einer bewussten Entscheidung handeln, oder ob wir in eine Abhängigkeit geraten sind.

Wenn wir feststellen, dass wir in irgendeiner Weise abhängig sind, sollten wir uns ehrlich fragen, ob diese Abhängigkeit uns langfristig schadet.

Wenn ja, stellt sich die Frage: Ist es mir wirklich wert, meine Gesundheit und mein Wohlbefinden gegen ein kurzfristiges Verlangen einzutauschen?

Also, bist du von etwas abhängig? Wenn ja, was ist es?

Schaden diese Abhängigkeiten deiner Gesundheit?

Falls ja, warum tust du es dennoch?

Es ist entscheidend, dass wir uns diese Fragen stellen und uns bewusst machen, wie wir leben und welche Auswirkungen unser Verhalten auf unser Leben hat. Nur durch diese Auseinandersetzung können wir beginnen, bewusstere Entscheidungen zu treffen, die uns langfristig glücklicher und gesünder machen.

Notizen

_____

_____

_____

_____

_____

_____

_____

_____

_____

_____

_____

_____

_____

_____

_____

_____

> „Halte nie einen für glücklich, der von äußeren Dingen abhängt."
>
> **Seneca**

Gier ist eine tief verwurzelte menschliche Eigenschaft, die uns dazu antreibt, immer mehr zu wollen, oft ohne die Konsequenzen zu bedenken. Diese Gier nach Macht, Geld, Besitz und Einfluss beobachten wir in unserer modernen Gesellschaft häufig. Viele streben nach den neuesten Dingen, wollen immer mehr erreichen und sind neidisch, wenn jemand anderes etwas hat, das sie selbst nicht besitzen. Doch diese Art von Verhalten ist nicht nur oberflächlich – sie beeinflusst unser Handeln, unsere Entscheidungen und letztlich auch unser Wohlbefinden.

Erkennst du dich selbst in dieser Gier?
Vielleicht hast auch du schon einmal den Drang verspürt, nach etwas zu streben, ohne wirklich zu wissen, warum. Möglicherweise wolltest du etwas besitzen, dass du eigentlich nicht brauchst, aber weil es „alle haben" oder weil es dir das Gefühl gibt, „mehr" zu sein als andere. In solchen Momenten stellt sich die Frage: Welche Aura strahlen diese gierigen Menschen aus? Ist sie wirklich anziehend? Ich denke nicht. Vielmehr erzeugen sie eine negative Energie – eine, die von Unsicherheit und Unzufriedenheit zeugt. Diese Menschen suchen ständig nach etwas Äußeren, um ihre innere Leere zu füllen, aber das, was sie suchen, bleibt meistens unerfüllt, denn wahres Glück lässt sich nicht durch materielle Dinge erreichen.

Im Gegensatz dazu gibt es Menschen, die frei von dieser Gier leben. Sie streben nicht nach mehr, um sich über andere zu stellen, sondern handeln aus Liebe, Leidenschaft und dem Wunsch, ohne Gegenleistung Gutes zu tun. Diese Menschen sind zufrieden mit dem, was sie haben, und nicht von äußeren Umständen abhängig, um glücklich zu sein. Ihr Glück und ihre Freiheit kommen nicht aus dem Besitz von Dingen, sondern aus der inneren Haltung und der Dankbarkeit für das, was sie bereits besitzen.

Wie sieht es bei dir aus?
Vielleicht ist es an der Zeit, dir zu überlegen, wie du mit diesen Themen umgehst. Bist du noch von der Außenwelt abhängig? Strebst du nach einem bestimmten Status, einer Position oder materiellen Dingen? Oder kannst du einfach im Moment zufrieden sein mit dem, was du hast?

Was würde passieren, wenn du plötzlich einen Großteil der Dinge verlieren würdest, die du heute besitzt?
Wie würdest du dich fühlen?
Würdest du immer noch glauben, dass du all diese Dinge brauchst?
Auf welche Besitztümer könntest du sofort verzichten, ohne innerlich unruhig zu werden?

Es geht nicht darum, auf alles zu verzichten oder keine Ziele zu haben. Du kannst durchaus nach mehr streben – nach mehr Wissen, Erfahrungen oder Erfüllung. Doch es ist wichtig, sich von der Gier nach mehr Besitz oder Status zu befreien. Stattdessen solltest du Dankbarkeit für das empfinden, was du bereits hast. Denke daran, dass es immer Menschen gibt, denen es schlechter geht als dir, die sich nach einem Leben sehnen, dass du bereits führst. Sie würden alles dafür geben, an deiner Stelle zu sein. Wenn du diese Perspektive einnimmst, wirst du erkennen, dass wahres Glück nicht von Dingen abhängt. Es kommt aus deinem Inneren – aus deiner Fähigkeit, das Leben zu schätzen und aus der Freiheit, dich nicht mehr von äußeren Werten definieren zu lassen. Die wahre Frage ist nicht, was du besitzen kannst, sondern was du wirklich brauchst, um glücklich zu sein. Befreie dich von der Gier und der ständigen Jagd nach mehr. Erkenne, dass du bereits alles hast, was du brauchst, um ein erfülltes und glückliches Leben zu führen. Der wahre Reichtum liegt nicht in dem, was du besitzt, sondern in dem, was du im Inneren trägst.

Notizen

_____

_____

_____

_____

_____

_____

_____

_____

_____

_____

_____

_____

_____

_____

_____

_____

> „Die Welt hat genug für jedermanns Bedürfnisse, aber nicht für jedermanns Gier."
>
> **_Mahatma Gandhi_**

72. Wie leicht lässt du dich manipulieren?

Bist du jemand, der zu seiner eigenen Meinung steht, oder änderst du diese häufig, weil andere sie dir nahelegen?

Hast du dir schon einmal bewusst gemacht, wie leicht sich viele Menschen beeinflussen lassen? Egal, ob es sich um Familienmitglieder, Freunde, Kollegen, Politiker oder auch prominente Persönlichkeiten handelt – alle diese Menschen können einen Einfluss auf uns ausüben. Manchmal tun sie das absichtlich, oft jedoch auch unbewusst. Ein gutes Beispiel dafür ist die Medienberichterstattung. Oft wird eine bestimmte Meinung verbreitet, und viele Menschen springen auf diesen Zug auf, ohne sich eine eigene Meinung zu bilden. Sie hören nur eine Ansicht und übernehmen diese, obwohl die Wahrheit auch ganz anders aussehen könnte.

Wie viele Menschen handeln nach diesem Prinzip?

Und gehörst du eventuell auch dazu?

Es ist wichtig, sich darüber bewusst zu werden. Denn du hast die Kontrolle darüber, welche Meinungen du annimmst und welche du ablehnst. Du kannst entscheiden, welche Perspektiven du in dein Leben lässt und welche nicht. Du hast die Freiheit, dich von Menschen zu distanzieren, die dir nicht guttun, und dich stattdessen mit solchen zu umgeben, die dich positiv beeinflussen.

Ja, es mag hart klingen, aber sei dir bewusst: Menschen haben Einfluss auf dich. Die Frage ist, ob du dir dieser Tatsache bewusst bist und welche Menschen du in dein Leben lässt.

Bist du achtsam genug, um zu erkennen, wenn du dich von anderen beeinflussen lässt?

Wer sind die Menschen, die dich beeinflussen oder manipulieren könnten?

Welche Meinungen und Ansichten könnten gerade deinen Blick auf die Welt verändern?

Und haben diese Menschen einen positiven oder negativen Einfluss auf dich?

Du allein hast die Macht und die Verantwortung für dein Leben. Überlege dir, welche Gedanken und Menschen du in deine Realität lässt und welche du ablehnst. Denn du bist der Architekt deiner eigenen Wahrnehmung.

Notizen

---

73. Wie leicht lässt du dich ablenken?

In der heutigen Welt kennen wir kaum noch Langeweile. Das liegt an den vielen Möglichkeiten, die uns zur Verfügung stehen. Sobald eine Aktivität das Interesse verliert, können wir blitzschnell zur nächsten übergehen. Ob es die riesige Auswahl an Streamingdiensten, das umfangreiche Fernsehprogramm, die endlosen virtuellen Welten, oder die sozialen Netzwerke sind – all diese Dinge tragen dazu bei, dass unsere Aufmerksamkeitsspanne deutlich kürzer geworden ist. Früher konnten wir uns viel mehr auf eine Sache konzentrieren. Doch all diese Faktoren haben dazu geführt, dass es uns heute viel schwerer fällt, uns zu fokussieren.

Viele Menschen sind heutzutage ständig mit mehreren Dingen gleichzeitig beschäftigt. Ein Film wird geschaut, während gleichzeitig das Handy in der Hand ist. Oder im Arbeitsumfeld jonglieren wir mehrere Aufgaben gleichzeitig. Es scheint, als würde das ständige Multitasking zu unserem normalen Zustand gehören.

Doch ist es wirklich effektiv, mehrere Dinge gleichzeitig zu tun?
Wäre es nicht viel sinnvoller, sich zu 100 Prozent auf eine einzige Sache zu konzentrieren?
Würden wir dadurch nicht viel mehr Informationen aufnehmen und effektiver arbeiten?
Meiner Meinung lautet die Antwort ganz klar: Ja! Genau deshalb ist es so wichtig, dass du achtsam wirst, wie leicht du dich ablenken lässt.
Was sind also die Dinge, die dich immer wieder ablenken?
Was sind die Störquellen, die dich von deinem Fokus abbringen?

Werde dir dieser Ablenkungen bewusst und überlege, wie du sie eliminieren kannst. Entferne sie aus deinem direkten Umfeld oder verlege sie in einen anderen Raum, wenn du dich einer Aufgabe widmen möchtest. So wirst du weniger in Versuchung geraten, dich ablenken zu lassen, und kannst deine volle Aufmerksamkeit auf das Wesentliche richten. Finde deine Störenfriede und stärke dadurch deine Fähigkeit zur Konzentration. Denn je mehr du deinen Fokus trainierst, desto produktiver wirst du in allem, was du tust.

Notizen

_____

_____

_____

_____

_____

_____

_____

_____

_____

_____

_____

_____

_____

_____

_____

_____

> „Indem man alle Hindernisse und Ablenkungen überwindet, kann man sein gewähltes Ziel garantiert erreichen."
>
> **Christoph Kolumbus**

74. Was ist deine Geschichte?

Stell dir mal vor, du müsstest dein Leben als Geschichte beschreiben.
Wie würde diese Geschichte beginnen?
Wer spielt die Hauptrolle?
Bist du es, oder vielleicht jemand anderes?

Wie ich bereits in diesem Buch erwähnt habe, lassen sich viele von uns viel zu oft von anderen Dingen und Menschen beeinflussen. Wir leben nicht unser eigenes Leben in vollem Umfang, sondern richten uns nach den Meinungen und Prinzipien anderer. Natürlich ist es vollkommen in Ordnung, sich andere Perspektiven anzuhören, aber es ist ebenso wichtig, mehr auf uns selbst zu hören und uns selbst zu vertrauen. Du bist derjenige, der mit deinem Leben umgehen muss, nicht andere. Du musst glücklich und zufrieden mit deinem Leben sein – nicht die anderen.

Also, wie sieht die Handlung deiner Geschichte aus?
Was sind die Höhen und Tiefen?
Welche Personen spielen eine Rolle in dieser Handlung?
Willst du, dass deine Geschichte nur eine gewöhnliche Erzählung wird, oder strebst du nach etwas Einzigartigem und Außergewöhnlichem?
Was macht deine Geschichte besonders?
Wird es ein trauriges Ende haben, oder doch vielleicht ein „Happy End"?

Du hast es in der Hand, diese Geschichte zu schreiben. Du bist der Autor deines Lebens und kannst jederzeit die Richtung ändern, wenn dir die aktuelle nicht gefällt. Du kannst jederzeit umschreiben, was du möchtest!
Mach deine Geschichte einzigartig. Mach sie zu deiner eigenen. Fang jetzt an und schreibe deine Lebensgeschichte – du bist der Held!

Notizen

_____

_____

_____

_____

_____

_____

_____

_____

_____

_____

_____

_____

_____

_____

_____

_____

> „Schreibe entweder etwas, das es wert ist, gelesen zu werden, oder tue Dinge, die es wert sind, geschrieben zu werden."
>
> **Benjamin Franklin**

Eines der Themen, denen sich viele Menschen eher ungern oder gar nicht stellen, sind ihre eigenen Schatten. Schatten sind jene Teile von uns, die wir irgendwann abgespalten, unterdrückt oder sogar abgelehnt haben. Es sind Facetten unserer Persönlichkeit, die wir aus Angst nicht zeigen wollen. Oft investieren wir viel Zeit und Energie, um diese Teile vor uns selbst und anderen zu verbergen. Manchmal reagieren wir beispielsweise übermäßig oder irrational auf bestimmte Menschen, weil sie Eigenschaften in sich tragen, die wir bei uns selbst unterdrücken. Auch wiederholen wir manchmal unbewusst Verhaltensweisen, die darauf hindeuten, dass unser Schatten die Kontrolle übernommen hat.

Es gibt sogar Menschen, die vehement leugnen, dass sie einen Schatten besitzen. Doch es ist entscheidend für unsere persönliche Weiterentwicklung, uns mit diesen Schatten auseinanderzusetzen. Jeder von uns hat seine eigenen individuellen Schatten. Warum sollten wir also abstreiten, sie zu haben?

Es gibt keinen Grund, sich für sie zu schämen oder sie zu verstecken. Akzeptiere, dass sie Teil von dir sind – genauso wie der Rest von dir. Nimm sie wahr und arbeite an ihnen. Sie gehören zu dir und beeinflussen dein Leben, ob du es willst oder nicht. Du musst deine Schatten jedoch quasi nicht loswerden. Es geht vielmehr darum, wie du sie zulässt und was du aus ihnen machst. Schaue hin, was sie in dir auslösen und was sie dir sagen wollen.

Wann machen sich deine Schatten bemerkbar?
Was lösen in dir aus?
Was könnte der Grund sein, warum sie gerade jetzt an die Oberfläche kommen?

Auch wenn es unangenehm sein kann, sich mit diesen Aspekten auseinanderzusetzen, ist es der richtige Weg. Welche Vorteile könntest du dadurch für dein Leben gewinnen, wenn du dir deiner Schatten bewusstwirst? Ich glaube, es könnten viele sein. Ich bin überzeugt, dass es unser Leben erheblich vereinfachen und erleichtern würde. Und wer wünscht sich das nicht?

Beginne also, dich deinen eigenen Schatten zu stellen und an ihnen zu arbeiten. Nur so kannst du wachsen und dich weiterentwickeln.

Notizen

> „Auch ich verharre meiner Pflicht; Der Schatten weicht der Sonne nicht."
>
> **Johann Wolfgang von Goethe**

76. Wie kommunizierst du?

Hast du dich schon einmal gefragt, wie du mit anderen kommunizierst? Kommunikation erfolgt nicht nur durch Worte – auch Mimik, Gestik und Körperhaltung spielen eine wesentliche Rolle. Diese Faktoren beeinflussen, wie unsere Botschaften wahrgenommen werden. Manchmal kann unser Gegenüber eine ganz andere Assoziation zu dem herstellen, was wir eigentlich ausdrücken wollten. Ein Beispiel: Wir erzählen jemandem, wie offen wir für Neues sind, stehen jedoch mit verschränkten Armen vor ihm.

Glaubst du, dass diese Aussage genauso ankommt, wie du sie gemeint hast? Denkst du, dass sie glaubhaft wirkt?

Oder sorgt deine Körperhaltung, die durch das Verschränken der Arme signalisiert, dass du verschlossen bist, für das Gegenteil?

Natürlich drücken solche Gesten mehr aus, als uns vielleicht bewusst ist. Verschränkte Arme können signalisieren, dass du nichts an dich heranlässt, dass du dich verschlossen fühlst. Offene Arme hingegen vermitteln Offenheit und Empfänglichkeit.

Doch nicht nur unsere Körperhaltung beeinflusst, wie unsere Kommunikation ankommt – auch die Worte, die wir wählen, sind entscheidend. Jeder Begriff trägt eine bestimmte Schwingung in sich. Worte lösen unterschiedliche Gefühle aus. Vielleicht erinnerst du dich daran, dass alles Energie ist! Deshalb ist es wichtig, mit Bedacht und Achtsamkeit zu wählen, was wir sagen. Denn jedes Wort kann beim Gegenüber eine Reaktion hervorrufen, die bestimmte Gefühlsmuster weckt – sei es positiv oder negativ. Natürlich beeinflusst du mit deinen Worten auch dich selbst.

Probiere mal eine kleine Übung aus und spüre, wie sich jedes Wort in dir anfühlt:
Was genau fühlst du bei diesen Worten?
* Trauer, Wut, Hass, Angst, Gier, Arroganz, Ekel, Hässlichkeit, Hölle, Demut, Scham, Einsamkeit, Krieg, Blödmann
Und was bei diesen?
* Glück, Freude, Erfolg, Liebe, Frieden, Harmonie, Familie, Freundschaft, Dankbarkeit, Inspiration, Hoffnung, Engel

Hast du den Unterschied gemerkt?
Hast du die Schwingungen dieser Worte gespürt?

Hast du wahrgenommen, dass jedes Wort etwas anderes in dir auslöst?

Es ist erstaunlich, wie jedes Wort eine andere Reaktion in uns hervorrufen kann.
Diese Schwingung, die durch Worte entsteht, übertragen wir mit jedem Satz, den wir sagen. Deshalb solltest du dir bewusst machen, was du bei dir selbst und bei anderen auslösen möchtest. Welche Worte sind im Einklang mit dir und deiner Persönlichkeit? Denn jedes Wort hat eine Wirkung – auf dich und auf dein Gegenüber.
Ein weiterer Aspekt ist, dass es nicht nur darauf ankommt, was wir sagen, sondern auch, wie wir es sagen. Der Ton macht die Musik. Der gleiche Satz kann, je nach Tonfall, völlig anders wirken. Deshalb ist es wichtig, auf deine Stimmfarbe und den Ausdruck in deiner Stimme zu achten, um den richtigen Effekt zu erzielen.

Wie kommunizierst du also?
Achtest du auf deine Kommunikation?
Achtest du auf die Worte, die du verwendest?
Welche Worte solltest du lieber aus deinem Wortschatz streichen?
Welche Körperhaltung nimmst du in Gesprächen ein?
Wie gestaltest du deine Mimik und Gestik im Austausch mit andern?
Wie setzt du deine Stimmfarbe gezielt ein?
Indem du all diese Aspekte achtsam beachtest, kannst du deine Kommunikation positiv beeinflussen und effektiver gestalten.

Notizen

_____

_____

_____

_____

_____

_____

_____

_____

_____

_____

_____

_____

_____

_____

_____

_____

„Handlung wird allgemein besser verstanden als Worte. Das Zucken einer Augenbraue, und sei es noch so unscheinbar, kann mehr ausdrücken als hunderte Worte."

Charlie Chaplin

77. Was ist schon normal?

Hast du schon einmal Sätze gehört wie: „Es ist ganz normal, dass man das so macht"; „Es gehört sich so... zu tun"; oder „Jeder macht das so..."? Ich denke, das haben wir alle schon gehört, wenn nicht sogar oft. In unserer Gesellschaft werden viele Dinge als „normal" angesehen und auch so bewertet. Doch was passiert, wenn jemand aus der Reihe tanzt und sich entscheidet, etwas anders zu machen als der Großteil? Dann wird diese Person oft als verrückt, dumm, seltsam oder ähnliches bezeichnet.

Ein Beispiel: Für viele Menschen ist es „normal", zur Schule zu gehen, danach eine Ausbildung oder ein Studium zu machen, um anschließend einen gut bezahlten Job zu finden, den man sein Leben lang ausübt. Genau dieses System wird als Standard anerkannt und als „der richtige Weg" angesehen.

Aber ist das wirklich der einzige richtige Weg?
Ist es das bestgeeignete Verfahren?
Ist es normal, nach diesem System zu handeln?
Was passiert, wenn jemand nicht diesem System folgt und seinen eigenen Weg geht?
Was, wenn jemand beispielsweise nach der Schule entscheidet, Musik zu machen, statt eine Ausbildung zu beginnen?
Was, wenn jemand sein eigenes Produkt entwickeln möchte?

Oft hört man dann Sätze wie: „Das ist zu riskant", „Damit wirst du nicht erfolgreich", oder „Geh lieber einen sicheren Weg".
Aber wer gibt diesen Menschen das Recht, über den Lebensweg eines anderen zu entscheiden?
Mit welchem Recht beurteilen sie, was „normal" oder „richtig" ist?
Sie haben dieses Recht nicht! Nur du selbst hast das Recht zu entscheiden, was für dich normal ist. Im Grunde gibt es also keine festen Standards für das, was normal ist. Es kommt immer auf die Perspektive des Einzelnen an. Für den einen mag es normal sein, viel Sport zu treiben und auf die Ernährung zu achten, während für einen anderen dies vielleicht weniger wichtig ist. Der eine mag es als normal empfinden, am Wochenende aktiv zu sein, während der andere sich Zeit für sich selbst nimmt. Für den einen ist der vorgegebene Lebensweg in unserer Gesellschaft der Standard, während für einen anderen dieser Weg vollkommen unpassend ist. Verstehst du, was ich damit sagen möchte?

Was für dich normal ist, muss nicht die gleiche Ansicht eines anderen sein! Genauso wenig solltest du deine eigene Sichtweise ändern, nur weil jemand anderes eine andere hat. Akzeptiere einfach die Vielfalt der Perspektiven. Verurteile niemanden, nur weil er oder sie nicht deinem Bild von Normalität entspricht. Du bist, wie du bist, und alle anderen sind, wie sie sind. Es gibt kein richtig oder falsch, kein normal oder unnormal – es gibt nur unterschiedliche Ansichten.

Notizen

„Die Normalität ist eine gepflasterte Straße; man kann gut darauf gehen – doch es wachsen keine Blumen auf ihr."

Vincent van Gogh

Hast du schon einmal bemerkt, dass jeder Mensch eine bestimmte Aura ausstrahlt? Jede Aura ist einzigartig und individuell, genauso wie jeder von uns. Wir sind für unsere eigene Aura verantwortlich. Unsere Gedanken, unsere allgemeine Einstellung und unser Handeln beeinflussen das, was wir ausstrahlen. Wenn wir eine positive und optimistische Haltung einnehmen und gutes oder sinnvolles tun, wird sich dies in unserer Aura widerspiegeln. Umgekehrt hat natürlich auch das Gegenteil einen Einfluss auf unsere Ausstrahlung. Wir haben es in der Hand, welche Energie wir nach außen senden, und sind somit der entscheidende Faktor für das, was andere in uns wahrnehmen, wenn sie ihre Aufmerksamkeit darauf richten.

Hast du schon einmal Menschen gesehen und dabei ein Gefühl gehabt, dass von ihnen nichts Gutes ausgeht? Kennst du dieses Gefühl?

Andererseits kannst du auch ganz andere Auren wahrnehmen. Hast du schon einmal bewusst die Aura eines Königs oder Anführers gespürt? Dabei spielt es keine Rolle, ob diese Person real oder eine fiktive Figur aus einem Film oder einer Serie ist. Menschen in solchen Positionen strahlen oft Selbstsicherheit, Ruhe, Stärke und andere besondere Eigenschaften aus. Du kannst diese Energie förmlich wahrnehmen, sie ist spürbar. Genau diese Ausstrahlung ist es, die solch eine Person in ihrer Position benötigt und auszeichnet. Eine solche „königliche" Aura zieht andere Menschen an und lässt sie bereitwillig folgen.

Das zeigt, wie stark unsere Aura das widerspiegelt, was in uns vorgeht. Daher kannst du versuchen, die Auren von anderen Menschen bewusst wahrzunehmen.

Doch denke daran, dass nichts von Natur aus gut oder schlecht ist. Es ist unsere Wahrnehmung, die etwas als positiv oder negativ bewertet.

Nimm einfach wahr, ohne zu urteilen, und entscheide dann, was sich für dich richtig oder falsch anfühlt – nicht für andere, sondern für dich selbst.

Was gehört zu dir?
Welche Auren empfindest du als anziehend und welche als abstoßend?

Welche Aura strahlst du selbst aus (Eigenschaften, Werte, Position)?
Nimmst du Auren bewusst wahr?

Notizen

> „Die Aura, die eine Person oder ein Gegenstand ausstrahlt, ist ebenso so ein Teil von ihnen wir ihr Fleisch."
>
> **Lucian Freud**

79. Nimmst du die Zeichen um dich herum wahr?

Immer wieder sendet uns das Universum Zeichen in unser Leben. Doch es liegt an uns, ob wir diese Zeichen auch wirklich wahrnehmen. Manchmal können diese Zeichen in Form von Problemen oder Herausforderungen auftreten, die uns dazu anregen sollen, auf ein höheres Bewusstseinsniveau zu kommen. Es kann aber auch sein, dass dir immer wieder Werbung, Plakate oder ähnliche Hinweise auffallen, die dich zu einem bestimmten Ort führen wollen, an dem etwas auf dich wartet – vielleicht eine Begegnung mit einer besonderen Person. Oder du träumst immer wieder denselben Traum, der dir eine wichtige Botschaft übermitteln möchte, etwa, dass du dich auf eine bevorstehende Situation vorbereiten solltest.

Es gibt viele Wege, wie das Universum mit uns kommunizieren kann. Es liegt an uns, ob wir aufmerksam genug sind, um diese Zeichen zu erkennen. Unsere Wahrnehmung hängt auch davon ab, auf welchem Bewusstseinslevel wir uns befinden.

Je höher unser Bewusstsein ist, desto mehr können wir wahrnehmen – nicht nur das Offensichtliche, sondern auch feinere Energien, Schwingungen und Frequenzen. Deshalb ist es so wichtig, immer an unserer Wahrnehmung und Achtsamkeit zu arbeiten. Je mehr wir von den Zeichen erkennen, desto leichter wird unser Leben. Denn das Universum möchte uns helfen, uns weiterzuentwickeln und persönlich zu wachsen. Es sorgt dafür, dass wir im Leben vorankommen. Diese Zeichen sind also im Grunde genommen Geschenke des Universums.

Wie siehst du das Ganze?
Nimmst du die Zeichen um dich herum wahr?
Hast du schon einmal eine Botschaft erhalten, die etwas in deinem Leben verändert hat?
Wenn ja, was hat sich dadurch verändert?
Was könntest du tun, um die Zeichen des Universum besser wahrzunehmen?

Notizen

_____

_____

_____

_____

_____

_____

_____

_____

_____

_____

_____

_____

_____

_____

_____

_____

_____

_____

_____

> „Mein Gehirn ist nur ein Empfänger; im Universum gibt es einen Kern, von dem wir Wissen, Kraft und Inspiration erhalten. Ich bin nicht in die Geheimnisse dieses Kern eingedrungen, aber ich weiß, dass er existiert."
>
> **Nikola Tesla**

80. Wie sehr arbeitest du an deinem Unterbewusstsein?

Forschungen und Experten zeigen, dass wir nur etwa 5 Prozent der Dinge, die wir tun, bewusst steuern. Die restlichen 95 Prozent laufen unterbewusst ab. Das bedeutet, dass unser Bewusstsein nur einen kleinen Teil unseres Handelns beeinflusst, während der Großteil auf abgespeicherten Mustern und Programmen basiert, die immer wieder abgerufen werden. Unser Unterbewusstsein spielt also eine unglaublich wichtige Rolle in unserem Leben. Ist dir das bewusst?
Täglich beeinflussen wir unser Unterbewusstsein durch unsere Gedanken, Gefühle, Worte und Handlungen. Es braucht zwar Zeit, bis neue Gedanken und Verhaltensweisen in unser Unterbewusstsein eindringen und dort abgespeichert werden, aber irgendwann wird es geschehen, wenn wir immer wieder dieselbe Art von Gedanken, Gefühlen und Handlungen wiederholen. Auf diese Weise können alte Programme überschrieben und durch neue ersetzt werden. Der Ausgangspunkt dafür sind immer unsere Gedanken.

Erinnerst du dich daran? Deine Gedanken führen zu Gefühlen, deine Gefühle führen zu Handlungen, und deine Handlungen werden zu Gewohnheiten. Diese Gewohnheiten wiederum sind es, die in unserem Unterbewusstsein abgespeichert werden. Du kannst dir das wie einen Computer vorstellen: Die Gewohnheiten sind die Programme, die auf dem System laufen, während das Unterbewusstsein das System selbst ist, das dafür verantwortlich ist, welche Programme ausgeführt, erstellt, installiert oder gelöscht werden. Unser Bewusstsein funktioniert dabei wie ein Antivirensystem, das sicherstellt, dass nur das auf das System zugelassen wird, was wir bewusst wollen – sozusagen ein Schutzmechanismus gegen schädliche Eindrücke.
Unser Körper spiegelt diese „Hardware" wider. Wir können über unsere Gedanken und Handlungen auf das System zugreifen, aber das Umschreiben der Programme erfordert Zeit und Anstrengung. Durch konsequente Arbeit können wir neue Programme (also Gewohnheiten) installieren und alte löschen. Aber letztlich sorgt unser Unterbewusstsein dafür, dass diese Veränderungen wirklich geschehen.

Mach dir bewusst, wie mächtig dein Unterbewusstsein ist. Nutze diese Macht für dich und arbeite aktiv an deinem Unterbewusstsein. Du hast die Kontrolle darüber, was du aus deinem Leben machst. Du kannst jederzeit beginnen, dein Unterbewusstsein umzuprogrammieren und dadurch dein Leben zu verändern.

Wie intensiv arbeitest du an deinem Unterbewusstsein?
Wie verbunden fühlst du dich mit deinem Unterbewusstsein?
Wie wirst du zukünftig damit umgehen?

Notizen

_____

_____

_____

_____

_____

_____

_____

_____

_____

_____

_____

_____

_____

_____

_____

_____

> „Die Erkenntnis, dass das Unterbewusstsein durch Gedanken gelenkt werden kann, ist vermutlich die größte Entdeckung aller Zeiten."
>
> **William James**

Jede Veränderung, die ein Mensch bewirken kann, beginnt in der Stille. Denn alles beginnt in unserem Kopf. Indem wir uns bewusst mit unseren Gedanken auseinandersetzen, können wir Ordnung in unserem Inneren schaffen. Wir können entscheiden, welchen Gedanken wir mehr Bedeutung beimessen und welchen wir weniger Aufmerksamkeit schenken. Gute Gedanken können wir vertiefen, während wir weniger hilfreiche Gedanken aussondern. Auf diese Weise schaffen wir Klarheit in unserem Geist, was sich direkt auf unsere Leistungsfähigkeit auswirkt.

Deshalb solltest du dir bewusst machen, wie wichtig, kraftvoll und wirkungsvoll die Arbeit in der Stille ist. Sie bildet die Grundlage für alles Weitere in unserem Leben. Entscheide dich bewusst, Ablenkungen aus der Außenwelt zu widerstehen und stattdessen an dir selbst, vor allem in dir, zu arbeiten. Denn nur so findest du Ruhe und inneren Frieden.

Es wird wenig helfen, wenn wir unsere inneren Themen immer wieder durch äußere Einflüsse verdrängen. Diese ungelösten Themen tauchen immer wieder auf, bis wir uns entscheiden, ihnen wirklich zu begegnen. Deshalb finde einen Ort, an dem du in Ruhe und Gelassenheit Stille finden kannst. Verbringe Zeit allein mit dir, um an dir zu arbeiten – egal wann oder wo. Hauptsache, du nimmst dir die Zeit dafür.

Wie oft verbringst du Zeit allein?
Wie oft arbeitest du an dir selbst?
Wie oft gehst du in die Stille?
Welche ungelösten Themen trägst du mit dir?
An welchen Orten kannst du gut in die Stille eintauchen?
Gibt es bestimmte Zeiten, in denen es dir leichter fällt, in die Stille zu gehen?

Notizen

_____

_____

_____

_____

_____

_____

_____

_____

_____

_____

_____

_____

_____

_____

_____

_____

_____

> „Lass deinen Geist still werden wie ein Teich im Wald. Es soll klar werden, wie Wasser, das von den Bergen fließt. Lass trüber Wasser zur Ruhe kommen, dann wird es klar werden, und lass deine schweifenden Gedanken und Wünsche zur Ruhe kommen."
>
> **Buddha**

Hast du dich schon einmal gefragt, was Frieden eigentlich bedeutet? Für viele mag sofort der Gedanke aufkommen, dass Frieden das Fehlen von Krieg, Kämpfen, Diskriminierung, Rassismus und vielen anderen negativen Aspekten ist. Doch all das beschreibt nur, was Frieden *nicht* ist.

Also, was bedeutet Frieden wirklich?
Hat Frieden nur diese eine Bedeutung, oder ist er mehr als das?
Vielleicht ist Frieden ein Gefühl?
Oder vielleicht etwas ganz anderes?

Ich glaube, das Wort Frieden lässt sich nicht eindeutig definieren, da seine Bedeutung von der individuellen Perspektive abhängt. Wie bei vielen anderen Dingen versteht jeder Mensch unter Frieden etwas anderes. Jeder hat seine eigene Vorstellung davon. Umso wichtiger ist es, dass jeder für sich selbst herausfindet, was Frieden für ihn persönlich bedeutet. Denn nur wenn wir verstehen, was Frieden für uns selbst heißt, können wir ihn wirklich erreichen. Es gibt keinen Frieden in der Welt, wenn wir nicht in uns selbst Frieden finden. Wenn wir nicht wissen, was Frieden für uns bedeutet, ist es wie jemand, der im Dunkeln umherirrt und nach etwas sucht, ohne zu wissen, was es ist. Aus diesem Grund solltest du Frieden für dich selbst definieren. Für mich persönlich ist Frieden ein Gefühl der Harmonie. Wenn alles ruhig und in Einklang ist, dann empfinde ich Frieden.

Was bedeutet Frieden für dich?
Hast du bereits inneren Frieden?
Was tust du oder tust du nicht, um diesen Frieden zu erlangen?

Notizen

Wie betrachtest du unsere Mutter Erde?
Was genau ist unsere Erde für dich?

Denn hast du jemals darüber nachgedacht, dass unsere geliebte Mutter Erde genauso ein Lebewesen ist wie alle anderen auf dieser Welt? Sie hat einen Herzschlag, genauso wie wir Menschen und alle Tiere, die mit uns auf diesem Planeten leben. Diesen Herzschlag können wir jederzeit spüren, wenn wir es nur möchten und zulassen. Besonders in der Natur können wir ihn fühlen. Wir können ihn unter unseren Füßen spüren, wenn wir barfuß spazieren. Wir können ihn wahrnehmen, wenn wir Bäume berühren oder umarmen. Auch beim Schwimmen im Freien spüren wir diese Verbindung. Auf diese Weise erden wir uns und verbinden uns mit der Erde. Wir nehmen die Frequenz auf, die von ihrem Herzschlag ausgeht. Diese Frequenz hat die Kraft, uns zu entspannen und uns zu beruhigen. Sie ist ein Geschenk, das uns unsere Erde gibt, wenn wir uns wirklich auf sie einlassen.
Leider tun das nur wenige von uns. Wenn man den gesamten Planeten betrachtet, ist es nur ein kleiner Teil der Menschen, die sich dieser Verbindung bewusst sind und sie aktiv suchen. Der Großteil von uns kümmert sich nicht darum, oder ist sich der Bedeutung dieser Verbindung nicht einmal bewusst. Sie handeln nicht achtsam gegenüber der Erde und bedenken nicht, welche Auswirkungen ihr Verhalten auf sie hat. Sie wissen nicht, was sie unserer heiligen Mutter Erde antun. Dabei ist dieser Ort, der uns so viel schenkt, unendlich wunderschön. Um diese Schönheit für uns und unsere Nachwelt zu bewahren, ist es unsere Verantwortung, uns gut um die Erde zu kümmern. Wir müssen sie pflegen und achten.
Es sollte selbstverständlich sein, dass wir sie respektieren und lieben. Schließlich dürfen wir auf ihr leben, also ist es nur fair, dass wir sie ebenso wertschätzen.

Wie siehst du das Ganze?
Wie achtsam gehst du mit unsere Erde um?
Wie verbunden fühlst du dich mit unserer Erde?
Wie sehr liebst du unseren Planeten?

Notizen

> „Die Erde ist nicht nur unser gemeinsamer Erbe, sie ist auch die Quelle
> des Lebens."
>
> **Dalai Lama**

Glaubst du an Karma?
Und falls nicht, was macht dich so sicher, dass es nicht existiert?
Warum glaubst du nicht daran?

Für mich stellt sich die Frage gar nicht so sehr, ob Karma existiert oder nicht. Es ist vielmehr ein Fakt, dass alles, was wir tun, einen Einfluss auf unser Karma hat und letztlich auf unser Leben. Es spielt keine Rolle, ob es um Worte oder Taten geht – alles hat Konsequenzen. Früher oder später wird uns das, was wir aussenden, auf ähnliche Weise zurückgegeben. Und falls es nicht in diesem Leben passiert, dann vielleicht im nächsten.

Wenn wir zum Beispiel einem anderen Menschen Schmerzen zufügen, sei es innerlich oder äußerlich, werden wir irgendwann denselben Schmerz erleben. Entweder in diesem Leben oder in einem zukünftigen. Es könnte sogar sein, dass wir diesen Schmerz von genau der Person empfangen, der wir im vorherigen Leben das gleiche Leid zugefügt haben. Der Zweck dahinter ist, dass wir verstehen können, wie sich dieser Schmerz für den anderen angefühlt hat. Im Endeffekt gleicht sich alles aus. Denn wir sind alle miteinander verbunden. Alles, was wir anderen antun, tun wir letztlich auch uns selbst an. Wir ernten die Früchte der Samen, die wir selbst gesät haben und um die wir uns gekümmert haben.

Natürlich können wir ebenso positives Karma aufbauen. Es liegt alles an uns und an der Art, wie wir unser Leben führen. Es ist ein Aufruf zur Achtsamkeit – sei achtsam mit deinen Gedanken, deinen Worten und deinen Taten, denn sie bestimmen nicht nur dein eigenes Leben, sondern auch das Karma, dass du erzeugst.

Wie sehr achtest du auf all diese Dinge?
Wie wirst du in Zukunft alles betrachten?
Wie sehr achtest du auf dein Karma?

Notizen

_____

_____

_____

_____

_____

_____

_____

_____

_____

_____

_____

_____

_____

_____

_____

_____

_____

„Indem wir die Bedeutung von Karma verstehen, erkennen wir, dass wir die Architekten unseres eigenen Schicksals sind und die Macht haben, unser Leben zu formen."

Dalai Lama

Was macht einen Mensch eigentlich zum Menschen?
Was genau macht uns alle aus?
Wer oder was sind wir wirklich?

Viele dieser Fragen lassen sich bereits aufgrund unserer bisherigen Überlegungen beantworten. Dennoch denke ich, dass es sinnvoll ist, diese Fragen noch tiefer zu ergründen. Wir wissen zum Beispiel, dass wir das einzige Lebewesen auf dieser Welt sind, das über einen Verstand verfügt, der es uns ermöglicht, über Dinge nachzudenken. Darüber hinaus sind wir schöpferische Wesen mit einer enormen Kraft in uns. Erinnerst du dich noch daran?

Doch vor allem sind wir eines: Energie. Wir sind weit mehr als nur unser Körper oder die Dinge, die wir besitzen. Alles, was wir als „unser" Bezeichnen, gehört zwar zu uns, aber wir sind es nicht. Wir sagen „unser Körper", aber wir sind nicht der Körper. Wir sind viel mehr als das. An diesem Punkt lässt sich erkennen, dass wir eigentlich keine bloßen Menschen sind. Wir sind Wesen, die hier auf dieser Erde sind, um Erfahrungen zu sammeln und sich weiterzuentwickeln. Unser physischer Körper dient uns dabei als Instrument, um in dieser Welt Erfahrungen zu machen. Durch diesen Körper bekommen wir Zugriff auf die materielle Welt und können mit ihr in Verbindung treten.

Trotzdem sind wir in unserem Inneren, im Kern unseres Seins, weit mehr als nur der Mensch, der wir gerade sind. Wir sind ein Bewusstsein, eine Energie, die sich entschieden hat, eine menschliche Erfahrung zu machen. Diese Entscheidung führt dazu, dass wir für eine gewisse Zeit als Mensch in dieser Welt leben und lernen.

Natürlich gibt es noch viele andere Aspekte, die einen Menschen ausmachen – wie zum Beispiel Empathie, Respekt, Gefühle, Stärken und Schwächen. All diese Eigenschaften bilden das Fundament dessen, was wir als Menschlichkeit bezeichnen. Und eines der größten Geschenke, die wir als Menschen erfahren dürfen, ist das Gefühl der Liebe. Liebe ist eine der stärksten Kräfte, die wir besitzen, und sie ist in uns allen.

Darum sollten wir diesem Gefühl mehr Raum geben, es zulassen und es an andere weitergeben – an Menschen, aber auch an Tiere, die unsere Liebe genauso verdienen.

Am Ende bleibt nur zu sagen: Wir sollten die Zeit, die wir als Menschen hier haben, genießen und vollständig ausnutzen. Jede Erfahrung, die wir machen, ist ein Geschenk, das uns hilft, zu wachsen. Also, genieße das Menschsein und freue dich an den vielen wertvollen Erfahrungen, die du hier machen darfst.

Notizen

„Hier bin ich Mensch, hier darf ich's sein."

Johann Wolfgang von Goethe

86. Welche Erkenntnisse hast du aus dem Buch gesammelt?

Zum Abschluss dieses Buches möchte ich dich einladen, noch einmal über all die Fragen nachzudenken, die wir gemeinsam bearbeitet haben.

Lass alles noch einmal Revue passieren und hole es dir in dein Bewusstsein.

Vielleicht möchtest du auch noch einmal deine Notizen durchlesen, die du zu den einzelnen Fragen gemacht hast.

Was genau hast du aus diesem Buch gelernt?
Was hast du Neues über dich selbst herausgefunden?
Welche Fragen haben dich am meisten beschäftigt?
Wie wirst du in Zukunft mit diesen Erkenntnissen und dem Wissen umgehen?
Welche Veränderungen wirst du in deinem Leben vornehmen?
Und vor allem: Wie hat sich deine allgemeine Sichtweise auf das Leben verändert?

Am Ende liegt es immer an uns selbst, was wir mit dem erhaltenen Wissen anfangen. Wir haben die Wahl, es zu nutzen – oder nicht. Es liegt in unserer Hand, ob wir dieses Wissen in unser Leben integrieren und auf uns wirken lassen, oder ob wir es einfach beiseitelegen.
Denke daran: Dein Leben ist das Resultat der Entscheidungen, die du triffst. Jeder einzelne Schritt, den du gehst, basiert auf den Erkenntnissen, die du gewinnst. Nutze dieses Wissen, um die beste Version von dir selbst zu werden und ein Leben voller Wachstum und Erfüllung zu führen.

Notizen

_____

_____

_____

_____

_____

_____

_____

_____

_____

_____

_____

_____

_____

_____

_____

_____

_____

_____

„Es gibt ein Buch, das viele, die es auswendig wissen, nicht kennen."

Marie von Ebner-Eschenbach